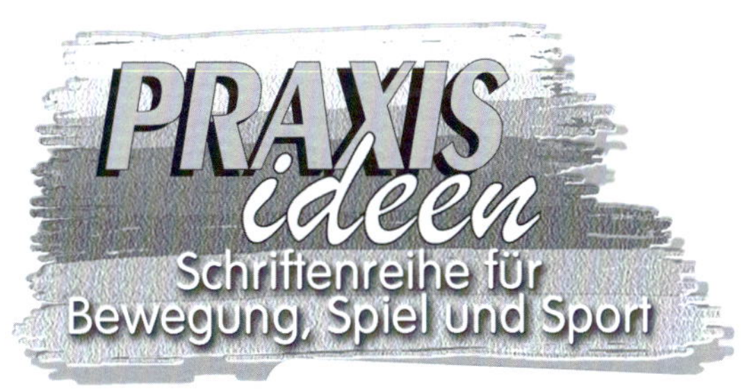

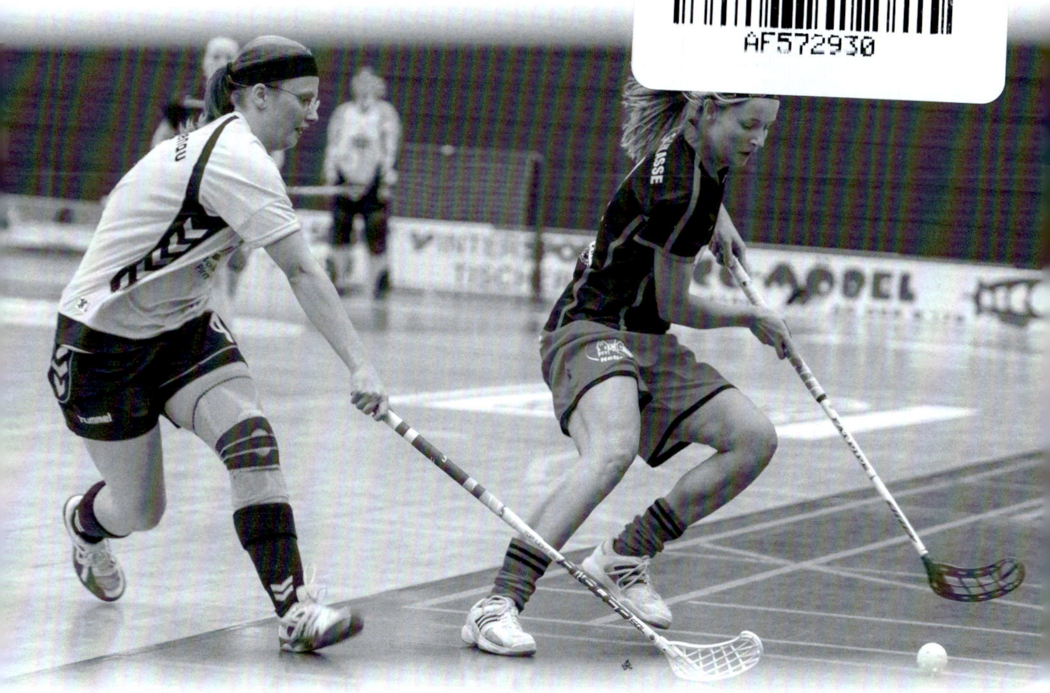

2. Auflage

Floorball spielen

Unihockey – Innebandy – Unihoc – Stockey

Mandy Erdtel / Grit Brückner

hofmann.

Bibliografische Information der Deutschen Nationalbibliothek
Die Deutsche Nationalbibliothek verzeichnet diese Publikation in der Deutschen Nationalbibliografie; detaillierte bibliografische Daten sind im Internet über http://dnb.d-nb.de abrufbar.

Bestellnummer 2612

2. Auflage 2022

Fotos:
Mathias Kuch, www.floorball-pics.de, www.simon-werbung.de
Rudolf Scuba, www.floorball-europe.com

Unterstützung:
Floorball Deutschland, www.unihockey.de
Schweizer Unihockey Verband, www.swissunihockey.ch
UHC Sparkasse Weißenfels, www.uhc-weißenfels.de
Unihockeyspezialist, www.floorball-planet.de
Floorball Magazin, www.floorballmagazin.de

Erschienen als Band 61
der PRAXISIDEEN – Schriftenreihe für Bewegung, Spiel und Sport.

Druck und Verarbeitung: AALEXX Druck Produktion, Burgwedel
Printed in Germany · ISBN 978-3-7780-2612-0

INHALT

Theorieteil

Kapitel 1

Einfache Regeln, geringe materielle und räumliche Anforderungen sowie schnell erzielbare Erfolge auch im Einsteigerbereich sind einige der Garanten dafür, dass die Sportart Floorball sich in den vergangenen Jahren erfolgreich in der deutschen Sportlandschaft etablieren konnte. Dabei ist Floorball in Deutschland keineswegs nur mehr eine Sportart für einige wenige Vereinsspieler. In vielen Bundesländern hat es die Sportart mittlerweile sogar in den Lehrplan geschafft. Sowohl die Vereine als auch die Schulen profitieren von dieser Entwicklung. Denn einerseits bereiten die Vereine die Sportart fortlaufend für den flächendeckenden Einsatz im Wettkampf- und Schulsportbetrieb vor. Andererseits sorgt die Verbindung zwischen Schul- und Vereinssport für den wichtigen Transfer des Nachwuchses in den laufenden Spielbetrieb. Längst sind die Schulen dadurch nicht mehr nur ein unwesentlicher Teilhaber sondern nehmen eine Schlüsselstellung in der deutschen Floorballentwicklung ein (Nebe, 2012).

Floorball zählt heute zu den am schnellsten wachsenden Mannschaftssportarten.

In Deutschland stellt der Schulsport eine der Schlüsselstellen für den Transfer des Nachwuchses in den Spielbetrieb der Vereine dar.

1 Historischer Abriss zur Entwicklung des Floorballsports

Im Folgenden wird die Entwicklung der Sportart Floorball in den Fokus gestellt. Ausgehend von einigen zentralen Aspekten zur Internationalen Entwicklung im ersten Teil werden in einem zweiten Teil die wesentlichen Entwicklungslinien im deutschen Raum nachgezeichnet. Eine umfassende Abhandlung der zeitgeschichtlichen Abfolge ist im Rahmen dieses Buches nicht möglich und aus Sicht der Autoren auch nicht zielführend. Vielmehr sollen die für den Schulsport relevanten Entwicklungsabschnitte der Sportart überblickshaft dargestellt werden.

1.1 Internationale Entwicklung

Die Wurzeln des Sportspiels Floorball, das im deutschen Raum zunächst vor allem unter der Bezeichnung Unihockey bekannt wurde und u. a. in verschiedenen Lehrplänen auch noch heute unter dieser Bezeichnung zu finden ist, sind in der ganzen Welt zu finden. Nach heutigen Erkenntnissen sind hockeyartige Vorläuferspiele bereits aus dem Jahr 510 v. Christus bekannt (Döbler 1988, S. 29). Spätestens jedoch im 19. Jahrhundert wurden Stockballspiele unterschiedlichster Art in zahlreichen Ländern gespielt. Als Vorläufer des modernen Floorball gilt bis heute jedoch die in den späten 1950er Jahren in den USA entwickelte Sommervariante der Sportart Eishockey. Zunächst konnte diese Variante jedoch noch nicht als eigenständige Sportart gelten (Kratochvil & Nebe, 2013).

In Deutschland hat sich die Sportart seit den 1990er Jahren unter der Bezeichnung Unihockey verbreitet.

Historisch gesehen ging die Sportart aus der Sommervariante des Eishockeys hervor.

Vielmehr muss man sich die Anfänge der Sportart so vorstellen: Männer mit einfachen Plastikstöcken spielten sich eine leichte Plastikscheibe zu und versuchten diese in ein Ziel zu bringen. Dieses so genannte „Floorhockey" wurde dabei vornehmlich in Hallen gespielt. Sogar erste Turniere wurden ausgetragen, wenngleich die Organisation und Durchführung dieser Wettbewerbe damals noch keinem offiziellen Reglement unterlag (Franke-Thiele, 2001).

Die ursprünglich aus den USA stammende Spielidee wurde seit den 1970er Jahren verstärkt in Nordeuropa weiterentwickelt.

Anfang der 1970er Jahre nahm der Schwede Carl-Ake Ahlquist, der bis heute weitgehend als Gründervater des Sportspiels Floorball gilt, die aus den USA stammende Spielidee auf und brachte sie zunächst als konditionelle Bereicherung des Ergänzungstrainings in der Sportart Handball ein (Resmann, 2003).
Ausgehend von der eishockeybegeisterten Nation Schweden, wo der neuartige Hallensport mit Stock und Ball schnell seine Anhänger fand, verbreitete sich die Spielidee innerhalb kurzer Zeit im gesamten skandinavischen Raum. Im Jahre 1978 kam es dann zur Gründung der Scandinavian Floorball Association (SFA), die somit auch den ersten überregionalen Verband darstellte. Mit der Gründung des Schwedischen Unihockeybundes am 7. November 1981 kam es in der Folge zur ersten Festschreibung eines offiziell gültigen Reglements im September 1983 und damit einhergehend zu einer Vereinheitlichung der von da an eigenständigen Sportart (Franke-Thiele, 2001).

Ausgehend vom Mutterland Schweden verbreitete sich die Sportart nach Süden. Viele nationale Verbände formierten sich seitdem und organisieren den nationalen sowie internationalen Spielbetrieb.

An die Etablierung im skandinavischen Raum anschließend, formierten sich in weiteren europäischen Nationen eigene Landesverbände, allen voran die Verbände der Schweiz, Tschechiens und Ungarns. Am 12. April 1986 gründeten die Landesverbände aus Schweden und der Schweiz in einer gemeinsamen Sitzung unter dem Namen International Floorball Federation (IFF) den Weltverband. Von da an verging lediglich ein weiteres Jahrzehnt bis 1996, im Mutterland Schweden, die erste Weltmeisterschaft im Floorball durchgeführt wurde (Franke-Thiele, 2001).

Im Zuge dieser ersten Floorball-Weltmeisterschaft der Herren, die mit dem Finale Schweden-Finnland in der ausverkauften Globen-Arena in Stockholm einen krönenden Abschluss fand, entwickelten sich weitere nationale Verbände, so dass bis zum Jahr 1996 bereits 18 Nationen der IFF angehörten (IFF, 2012).

In einem weiteren Entwicklungsschritt erlangte die IFF im Jahre 2000 die vorläufige und schließlich im Jahre 2004 die ordentliche Mitgliedschaft im internationalen Verband der Sportverbände (GAISF – General Association of International Sports Federation). Heute wird in über 80 Staaten Floorball gespielt. Der IFF gehören mittlerweile 75 Mitgliedsnationen an, wobei ein Großteil der Spielgemeinschaften in Nordeuropa, der Schweiz und in Tschechien verortet ist (IFF, 2022a).

Bis zum heutigen Tag ist die Entwicklung im internationalen Floorball-Sport weit vorangeschritten, und das obwohl es sich hierbei sporthistorisch um eine vergleichsweise junge Sportart handelt. Weltmeisterschaften werden bei den Herren und Damen sowie in den U19-Mannschaften ausgetragen. Außerdem unterstützt die IFF unter dem Titel IFF ParaFloorball die Beteiligung von Athleten mit Handicap, wobei Wettkämpfe erstmals 2008 bei den Special Olympics ausgetragen wurden (IFF, 2022a). Der Floorball-Weltverband ist zudem Vollmitglied des Internationalen Olympischen Komitees (IOC) und die Sportart Floorball ist Teil des Programmes der World Games.

Europa- und Weltmeisterschaften der Damen und Herren sind aktuelle Wettkampf-Höhepunkte.

„Floorball is the most inclusive team sport, played with over a million registered players on all continents" **(IFF, 2022b)**

1.2 Entwicklung in Deutschland

Die bundesdeutsche Etablierung der Sportart Floorball wird im Wesentlichen durch zwei Säulen getragen: (1.) den Wettkampfsport und (2.) den Schulsport. Diese beiden Kernbereiche sollen im Folgenden entsprechend ihrer zeitgeschichtlichen Entwicklungslinie vorgestellt werden. Dabei wird zunächst der Wettkampfbereich in den Blick genommen. Anschließend folgen einige Ausführungen zum Eingang und zur Entwicklung der Sportart im Schulsportbereich.

1.2.1 Floorball im Wettkampfbereich

Die Entwicklung der Sportart Floorball in Deutschland vollzog sich von Beginn an unter starkem schwedischen sowie schweizerischen Einfluss. Ausgehend von Norddeutschland breitete sich Anfang der 1990er Jahre der wettkampforientierte Floorball-Sport zunächst insbesondere im östlichen Bundesgebiet aus, wo auch aktuell die Hochburgen des Floorball zu finden sind (DUB, 2012).

Seit den 1990er Jahren verbreitet sich die Sportart zunehmend auch in Deutschland.

Der erste nationale Ligaspielbetrieb ist auf die Gründung des Deutschen Unihockeybundes (DUB) 1992 zurückzuführen und begann in verschiedenen Bundesregionen, wie Hamburg, Bremen, Leipzig, Weißenfels und Magdeburg. Seit Ende der 1990er Jahre erfolgte dann die Ausbreitung über das gesamte Bundesgebiet. Mit mehr als 13 000 aktiven Athleten und 213 im Floorball-Verband Deutschland organisierten Vereinen im Jahr 2020 (DOSB, 2020, S. 7) verzeichnet die Sportart seit ihrer

Hierbei nahm die Entwicklung einen Ost-West-Verlauf.

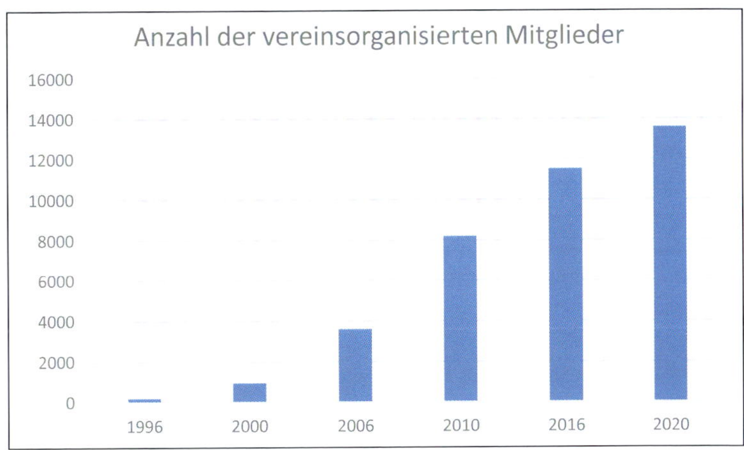

Abb. 1: Mitgliederentwicklung im deutschen Floorball von 1996 bis 2020 (eigene Darstellung)

Einführung in Deutschland eine durchweg positive Entwicklung. Die nachfolgenden Abbildungen dokumentieren diesen Trend bis zum Jahre 2020 eindrücklich.

Die Mitgliederentwicklung im vereinsgebundenen Floorballsport verläuft bislang stetig ansteigend.

Ende 2014 wurde der Floorball-Verband Deutschland als 99. Mitglied von der DOSB-Mitgliederversammlung in den organisierten Sport aufgenommen (DOSB, 2014). Seitdem ist der Verband auf Bundesebene in der Lage, für den Sportbetrieb, neben den Eigenleistungen der Spieler, Vereine und Sponsoren, auch von staatlicher Unterstützung zu profitieren.

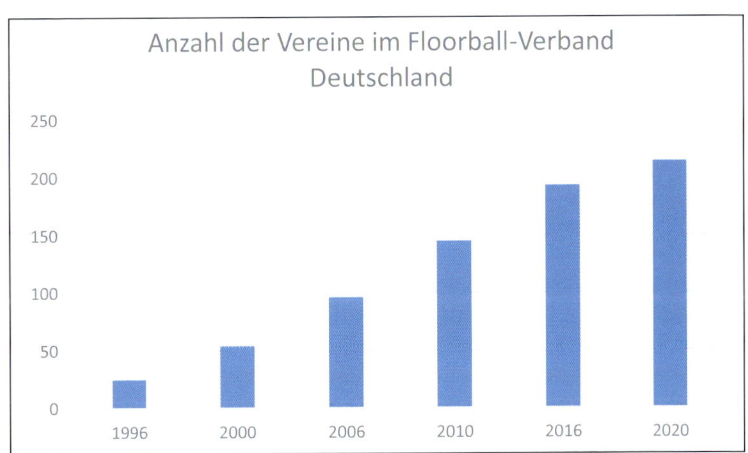

Abb. 2: Vereinsentwicklung im Floorball-Verband Deutschland von 1996 bis 2020 (eigene Darstellung)

Durch die stetig wachsende Leistungsdichte, welche neben der bereits etablierten Bundesliga ebenso von den unteren Ligen her zu verzeichnen ist, wird im deutschen Raum mittlerweile in verschiedenen Bundes- und Regionalligen gespielt. Neben den Herren setzt sich Floorball auch immer deutlicher im Damenbereich durch, wenngleich die Damen insgesamt noch unterrepräsentiert sind (vgl. hierzu die Bestandserhebung des DOSB, 2020). Damenmannschaften aus dem gesamten Bundesgebiet etablieren sich dabei hauptsächlich im Kleinfeldspielbetrieb. Die im weiblichen Bereich installierte Bundesliga, ist im Großfeldspielbetrieb aktiv. Der laufende Spielbetrieb wird bundesweit in unterschiedlichen Ligen und Formaten organisiert und auf dem Klein- sowie Großfeld gespielt. Darüber hinaus ist Deutschland im internationalen Wettbewerb mit je einer Damen- und Herrennationalmannschaft sowie im U19-Bereich männlich und weiblich vertreten.

Dies gilt auch für die regionale Leistungsdichte in den einzelnen Spielklassen.

1.2.2 Floorball im Schulsportbereich

Wie bereits eingangs erwähnt, gilt das Schulsportsystem als zweiter Ausgangspunkt der Floorballentwicklung in Deutschland. Nebe (2012) geht sogar davon aus, dass die Schulen und somit nicht zuletzt die Lehrerinnen und Lehrer eine Schlüsselstellung hinsichtlich der flächendeckenden Etablierung der Sportart sowie der Rekrutierung des sportlichen Nachwuchses einnehmen. So konstatiert Nebe (2012) „kamen zwei Drittel aller deutschen Spieler über [die Schulen] zu dem Sport und schließlich auch in die Vereine." Die zu beantwortende Frage ist nunmehr folgende: Wie konnte es zu dieser Schlüsselstellung des Schulsports für die innerdeutsche Floorballentwicklung kommen?

Die Sportart ist bereits in einigen deutschen Sportlehrplänen verankert. Dies gilt jedoch nicht nur für die Pläne – Floorball hat sich mittlerweile auch in der Unterrichtspraxis etabliert.

Untersucht man die Eignung und Etablierung des Floorballs im Bereich der Schule sowie die Auswirkungen auf die Gesamtentwicklung so muss die Sportart zunächst im Lichte der allgemeinen Sportspielvermittlung betrachtet werden. Unabhängig von der Art des zu vermittelnden Sportspiels steht, in Anbetracht der Lehrplaninhalte deutscher Sportcurricula, vor allem das Bewusstmachen des Phänomens „Spielen" im Fokus der Sportspielvermittlung. Die SchülerInnen sollen das Spiel erleben, es begreifen lernen und sich darüber hinaus auch mit dessen Regelwerk, der historischen Entwicklung und methodischen Aspekten der Vermittlung auseinandersetzen. Das miteinander sowie gegeneinander Spielen soll, neben den körperlichen Fähigkeiten, auch wesentliche soziale Erfahrungen, wie Fairness, Kooperationsfähigkeit und Möglichkeiten der Teamarbeit vermitteln. Die Tatsache, dass Ballsportspiele einen besonders hohen Motivations- oder Aufforderungs-

Das Sportspiel Floorball verfügt über einen hohen Aufforderungs- und Motivationscharakter.

Dies unterstützte die Etablierung der Sportart im Bereich Schule maßgeblich.

charakter aufweisen, unterstützt deren Etablierung in deutschen Schulsporthallen offenbar in besonderer Weise (Matasci, 1998; Nebe, 2012).

So ist es wenig verwunderlich, dass laut einer schriftlichen Befragung zur Situation des deutschen Sportunterrichts aus Schülersicht der Stellenwert der Sportspiele im Allgemeinen als sehr hoch einzuschätzen ist (Digel, 1996). In allen befragten Bundesländern zeigen die Ergebnisse demnach, dass die Individualsportarten gegenüber den Sportspielen eine signifikant geringere Bedeutung haben. An der Spitze standen dabei insbesondere die Sportspiele Basketball und Volleyball. Hinsichtlich der Frage, welche Sportarten sich die SchülerInnen für den Unterricht wünschten, ergab sich ebenfalls eine deutliche Überlegenheit der Spielsportarten (Kolb, 2005).

Durch die Etablierung der Sportart im deutschen Schulsport kommt den Unterrichtenden eine besondere Verantwortung in der Floorballentwicklung zu.

Welche Bedeutung kommt nun speziell der Spielsportart Floorball im Unterricht zu? Im Vergleich zu den traditionsreichen Spielsportarten, wie Handball, Fußball, Volleyball und Basketball, ist Floorball eine vergleichsweise junge Mannschaftssportart, die sich neben dem nationalen und internationalen Wettkampfsport in den vergangenen Jahren auf bundesdeutscher Ebene zunehmend auch im Schulsport etabliert hat. In sieben Bundesländern (Berlin, Niedersachsen, Nordrhein-Westfalen, Sachsen, Sachsen-Anhalt, Schleswig-Holstein und Thüringen) hat die Sportart bislang den Einzug in die Lehrpläne der Bildungsministerien geschafft. Ein Ende oder gar eine Umkehr dieser Entwicklung ist aktuell nicht zu erkennen.

Ball und Schläger sind auch für junge Kinder vergleichsweise schnell und leicht zu beherrschen.

Gleichzeitig treten Verletzungen durch den geringen Körperkontakt selten auf.

Dieser einerseits an den Lehrplänen andererseits aber auch an der Unterrichtspraxis nachvollziehbare Trend der Etablierung des Floorballs im Schulsport, ist nunmehr auf unterschiedliche Faktoren zurückzuführen. Zunächst sprechen der hohe Aufforderungscharakter der Sportart und die parallele Einbeziehung auch größerer Gruppenstärken, wie dies im Schulsport oft unumgänglich ist, für den erfolgreichen Einsatz der Sportart im Unterricht. Auch mit Blick auf die notwendigen materiell/räumlichen Bedingungen ist die Sportart vergleichsweise unkompliziert im Unterrichtsgeschehen umsetzbar. Bereits ein Schlägerset und Bälle genügen zunächst, die Grundlagen des Floorballspiels im Unterrichtsprozess zu vermitteln. Hinzu kommt darüber hinaus die Tatsache, dass Schläger und Ball grundsätzlich sehr leicht und einfach zu beherrschen sind, was unmittelbar dazu beiträgt, dass Floorball auch von SchülerInnen ohne jegliche Vorerfahrung schnell auf spielfähigem Könnensniveau erlernt und angewendet werden kann. Schlussendlich trägt das Reglement des Spiels (ähnlich wie im Basketball ist im Prinzip kein Körperkontakt erlaubt) zudem dazu bei, dass Verletzungen eher selten sind. Geschlechtsspezifische Unterschiede treten infolgedessen nicht so stark in den Mittelpunkt, wie dies bei eher „körperbetonten" Sportspielen, wie Fußball oder Handball im Unterricht häufig der Fall ist.

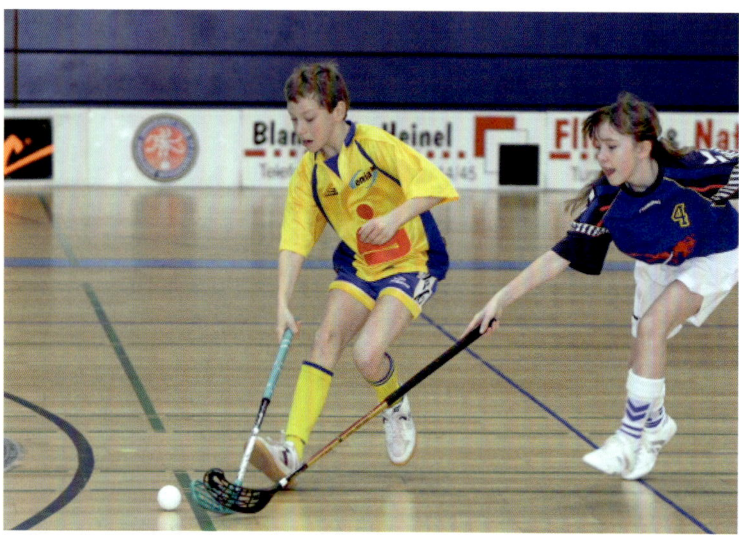

Die getrennte Unterrichtung von Mädchen und Jungen ist in der wenig körperbetonten Sportart Floorball nicht notwendig.

Dank dieses Zusammenspiels sportartspezifischer Rahmenbedingungen ist Floorball eine Spielsportart, die zum einen das flächendeckende Durchsetzen im Grundschulbereich, ja sogar bis hin zum Vorschulbereich, ermöglicht. Zum anderen ist eine Geschlechtertrennung weder notwendig noch, wie in anderen, stark körperbetonten Sportspielen, von besonderem Vorteil.

2 Grundlagen des Floorballs im Schulsport

Geringer Aufwand und hoher Aufforderungscharakter machen den Reiz der Sportart Floorball aus.

Nach Nebe (2012) ist es das Simple, was die Attraktivität der Sportart Floorball im Schulsport für Pädagogen und Schüler gleichermaßen ausmacht. Einfache Regeln, Schläger, einen Ball und Tore sowie ein paar bewegungsfreudige Spieler – mehr braucht es nicht, um innerhalb kürzester Zeit und mit wenig Aufwand jede Menge Spaß zu erleben. Diese im Vergleich zu anderen Sportarten, wie z. B. Turnen, geringen Anforderungen an die beteiligten Spieler verbinden sich darüber hinaus mit dem hohen Aufforderungscharakter, den Ballspiele generell besitzen.

Dadurch ergibt sich die vielseitige Einsetzbarkeit der Sportart – einerseits in unterschiedlichen Organisationsformen (Freizeit-, Schul-, Ver-

Floorball ist variantenreich und bereits für Kinder ab dem Vorschulalter spielbar.

eins- und Wettkampfsport) und andererseits in allen Altersklassen (beginnend ab der Vorschule). Entsprechend der situativen Gegebenheiten kann Floorball darüber hinaus in verschiedenen Varianten gespielt werden, so z. B. auch als Streetfloorball.

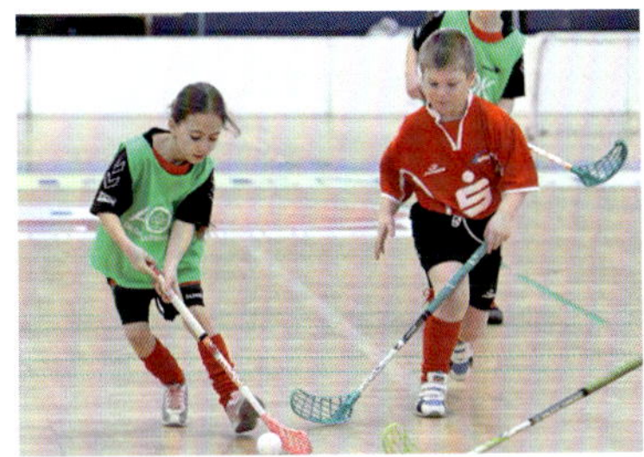

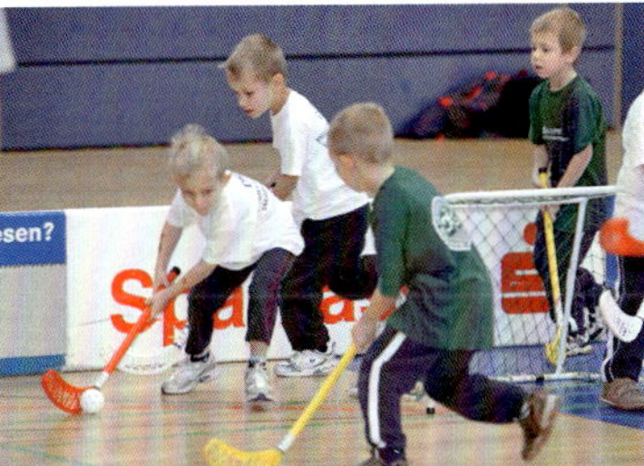

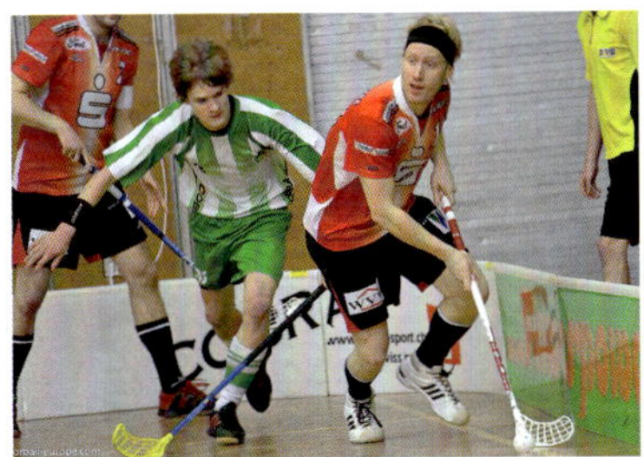

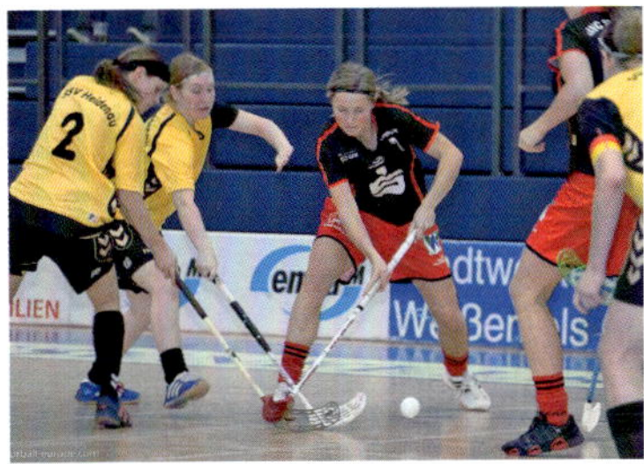

Insofern ist es nicht verwunderlich, dass im Folgenden auf einigen wenigen Seiten Spielgedanke, Spielidee, Anforderungsprofil sowie einige Technische Daten bez. des benötigten Materials dargestellt werden. Den Autoren war es hierfür wichtig, sich auf die im Schulsport relevanten Aspekte zu beschränken. Für ausführlichere Informationen, z. B. hinsichtlich der Spielregeln etc., sei jedoch an dieser Stelle auf den Floorball Deutschland e.V. bzw. die Webseiten der nationalen sowie der internationalen Verbände verwiesen.

Der Spielgedanke ist simpel: Zwei gegnerische Mannschaften spielen einen Ball mit Hilfe eines Schlägers.

2.1 Spielgedanke und Spielidee

„Ein leichter, hohler Plastikball und ein Schläger aus Kunststoff. Ein Tormann, 5 Feldspieler, 2 Tore, eine Bande. Spielintelligenz, Geschwindigkeit und Spaß. Das ist Floorball." (Wiener Floorball Bund, 2010)

Ein klassisches Torschussspiel

Setzt man sich mit der Spielidee des Sportspiels Floorball genauer auseinander, so wird es häufig als eine „Mischung aus Eis- und Feldhockey gepaart mit den Fairness-Regeln des Basketballs umschrieben" (Special Olympics Deutschland, 2013).

Historisch betrachtet entstammt Floorball, ebenso wie z. B. Eishockey, Lacrosse oder Polo, der Gruppe der Stockball- und Treibballspiele. Es ist also grundsätzlich ein Spiel zwischen zwei gegnerischen Mannschaften, bei dem ein Ball mithilfe eines Stockes/Schlägers ins jeweils andere Tor befördert werden muss. Aufgrund des zentralen Spielgedankens, im Wettbewerb zwischen zwei Mannschaften regelkonform mehr Tore zu erzielen als das gegnerische Team (Floorball Deutschland, 2010), wird es im aktuellen Sportartenkanon zu den Torschussspielen gezählt.

Die spezifische Spielidee der Sportart Floorball ist grundsätzlich auf alle aktuell im Wettkampfbetrieb vorherrschenden Varianten (Floorball-Mixed Kleinfeld, Kleinfeld, und Großfeld) übertragbar und wie folgt zu beschreiben:
Mittels einer schnellen Laufbewegung ist der gelochte, leichte Kunststoffball mit dem Floorballschläger in das gegnerische Tor zu schießen. Das Spielfeld wird durch eine komplett umlaufende und an den Ecken abgerundete Bande begrenzt und es darf mit beiden Seiten der Schlägerkelle gespielt werden. Es handelt sich um ein dem Feldhockey verwandtes Spiel, das jedoch vergleichbar mit dem Reglement der Sportart Eishockey, auch hinter den Toren gespielt werden kann. Der Hintertorraum sowie die Bande dürfen aktiv in die Spielhandlung einbezogen werden, wodurch der Spielverlauf wenig Unterbrechung findet und hohe Intensitäten erreicht werden. Ein Spielerwechsel ist jederzeit möglich. Die Kleinfeld- und Großfeldvariante werden im Gegensatz zur Mixed-Kleinfeldvariante mit einem festen Torhüter gespielt.

Hintertorraum und Bande dürfen, ähnlich wie beim Eishockey, ins Spiel einbezogen werden.

2.2 Anforderungsprofil

Floorball ist eine Sportart, die auch im Bereich des Schulsports insbesondere durch die häufigen und temporeichen Ballkontakte sowie die schnellen Veränderungen der jeweiligen Spielsituation viel von den Spielern abverlangt. Nach Wolf (2000) lassen sich für die klassische Spielidee des Floorballs vier grundlegende Anforderungskategorien unterscheiden. Dies sind die Körperliche Fitness, die Mentale Stärke, die Technik sowie das Spielverständnis. In der folgenden Abbildung werden die floorballspezifischen Erfolgsfaktoren den jeweiligen Anforderungskategorien überblicksartig zugeordnet (vgl. Abb. 3).

Floorball fordert die Spieler in vier grundlegenden Anforderungs-Bereichen:
(1) Fitness
(2) Mentale Stärke
(3) Technik
(4) Spielverständnis

Die von Wolf (2000) vorgestellten Anforderungskategorien und zugehörigen Erfolgsfaktoren bilden zunächst eine Grundlage für die Sichtung talentierter Nachwuchssportler, die trainingsmethodische Verortung der sportartspezifischen Ausbildung sowie für die Messung der

Für den Sportunterricht bietet das vorgestellte Modell der Erfolgsfaktoren eine Grundlage für die Leistungsbewertung.

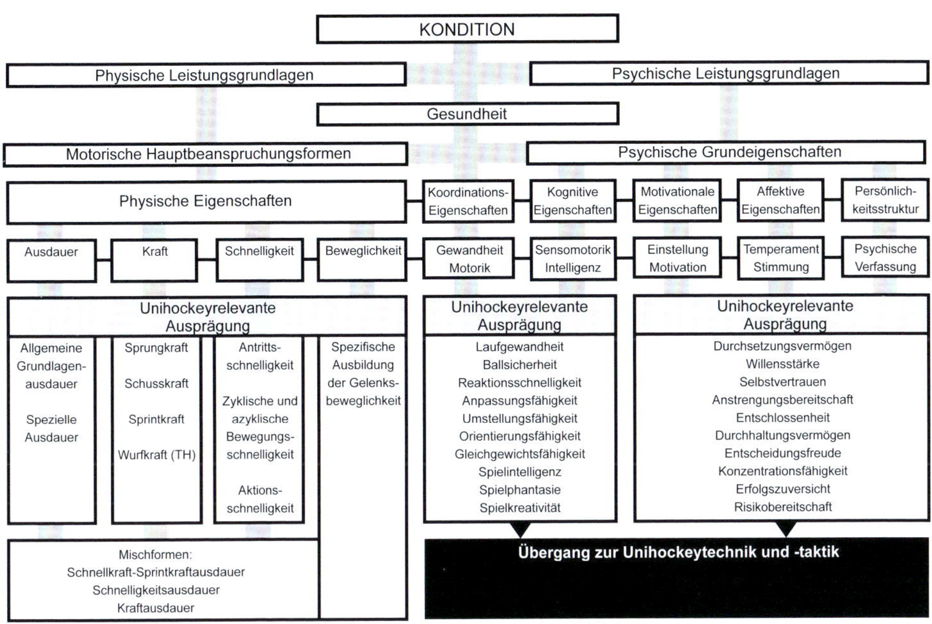

Abb. 3: Erfolgsfaktoren des Sportspiels Floorball (Schweizerischer Unihockey Verband, 2010)

Leistungsentwicklung im Wettkampfbereich. Darüber hinaus können diese jedoch auch als Grundlage für die Leistungsentwicklung und -bewertung im Schulsport dienen. Konkrete Vorschläge bez. weiterer Möglichkeiten der Leistungsbewertung werden zusätzlich in Kapitel 8 dieses Buches unterbreitet.

2.3 Technische Daten

Ausgehend von den Erfordernissen der Vermittlung der Sportart Floorball in der Schule werden im Folgenden wesentliche technische Aspekte vorgestellt. Hierbei sollen zunächst Informationen zum Spielfeld sowie zum notwendigen Material und Zubehör vermittelt werden. Anschließend liegt der Fokus auf dem für den Schulsport relevanten Regelwerk.

Im Schulsport sorgt die Kleinfeldvariante mit und ohne umlaufende Spielbande für ideale und leicht umsetzbare Bedingungen der Umsetzung.

2.3.1 Spielfeld

Das für den Vereins- und Schulsport am häufigsten genutzte Spielfeld, das so genannte Kleinfeld, ist zwischen 22–28 m lang und 12–16 m breit und im Idealfall von einer umlaufenden Spielbande umgeben. Vor

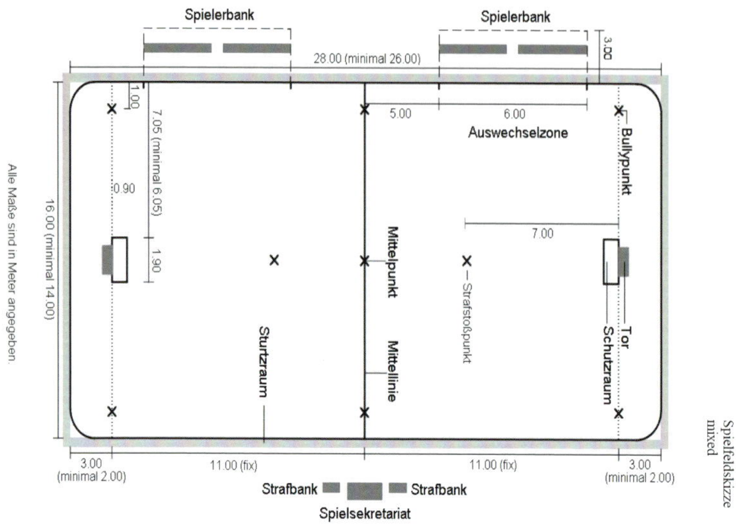

Abb. 4: Wesentliche Markierungen und Maße des Kleinfeldes

dem Tor ist ein Schutzraum angelegt, der ca. 1,00 m lang und ca. 2,00 m breit ist und ausschließlich vom Torwart betreten werden darf. In Verlängerung der Torlinie und auf der gedachten Mittellinie befinden sich im Abstand von ca. 1,00 m von der Bande die Bullypunkte. Die Penaltypunkte sollten im Abstand von 7,00 m zu den Torlinien markiert werden, wobei alle Markierungen mit ca. 5,00 cm breiten Linien gut sichtbar markiert werden sollten. Bei der Kleinfeldvariante spielen jeweils 3 SpielerInnen und ein Torwart pro Mannschaft gegeneinander. Der Torwart trägt eine Schutzausrüstung, ähnlich wie beim Eishockey, hat jedoch keinen Schläger in der Hand (Floorball Deutschland, 2012).

Der Wettkampfbetrieb wird national sowie international auf dem Großfeld durchgeführt.

Im Gegensatz zu dem im Schul- und Vereinssport üblichen Kleinfeld werden nationale und internationale Meisterschaften sowie Weltmeisterschaften auf dem Großfeld ausgetragen. Hier wird auf einem 40 x 20 m großen Feld gespielt. Der Schutzraum, der ebenfalls nur vom Torwart betreten werden darf, misst im Großfeld 2,50 x 1,00 m und der Torraum ist 5,00 x 4,00 m groß. Gespielt wird in reinen Damen- oder Herrenteams mit jeweils 5 FeldspielerInnen und einem Torwart pro Mannschaft, 3 x 20 Minuten (effektiv) mit jeweils 10 Minuten Pause zwischen den Dritteln (Floorball Deutschland, 2012).

Das Spielfeld ist im Idealfall von einer Bande umgeben, welche aus einer Aneinanderreihung einzelner Kunststoff- oder Holzplatten mit abgerundeten Eckelementen in den Spielfeldecken besteht. Floorball kann so oder leicht abgewandelt in fast jeder Halle gespielt werden.

2.3.2 Material und Zubehör

Materielle und finanzielle Aufwendungen sind im Floorball vergleichbar gering.

Aus Sicht der Materialbeschaffung ist Floorball gerade für den Bereich des Schulsports eine wenig aufwändige Sportart. Im Wesentlichen kommen vergleichsweise geringe Anschaffungskosten durch Bälle, Schläger und Tore zustande, die oft in günstigen Sets erworben werden können. Ergänzend, wenngleich im Wettkampfbereich verpflichtend, entstehen Kosten durch die Beschaffung von Banden und Anzeigetafeln sowie durch Zusatzausrüstung, wie Überziehleibchen, Trikots, Taschen, usw.

Die International Floorball Federation (IFF) aktualisiert und veröffentlicht das international geltende Regelwerk.

Im Jahre 2001 veröffentlichte die International Floorball Federation (IFF) neue Spielregeln für den internationalen Wettkampfbereich. Im Zuge dieser Spielregeländerungen traten auch neue Materialweisungen in Kraft. Nationale Verbände sowie Vereine, die auf internationaler Ebene spielen, sind diesem internationalen Reglement verpflichtet. Auch im Schulsport ist es zu empfehlen, nur Material von zertifizierten Herstellern zu verwenden, da die Materialprüfung durch die IFF garantiert, dass das Material dem Reglement entspricht, qualitativ hochwertig und nicht verletzungsgefährdend ist.

Erstausstattungen für den Schulsport sind je nach Anbieter kostengünstig in Form von Spielsets erhältlich

	Schulsportvariante: Breite: 90 cm Höhe: 60 cm Tiefe: 50 cm (am bodennahen Ende)	Material: klappbarer Kunststoffrahmen
	Gewicht: 23 g Durchmesser: 72 cm Löcher: 12 Stück Lochdurchm.: 10 mm	Material: Kunststoffmischungen, verschiedene Oberflächenstrukturen
	Gewicht: 380 g Schaftlänge: 950 mm Länge Kinder: 750 mm (dies sind Maximalangaben)	Material: Kunststoff/Carbon, Schaufel leicht gekrümmt und abgerundet
	Kleinfeldvariante: Gesamtlänge: 28 m Gesamtbreite: 16 m Höhe: 0,5 m (bestehend aus Einzelteilen)	Material: vorwiegend Kunststoff Polypropylen

Abb. 5: Übersicht zum Floorball-Material im Schulsport (eigene Darstellung)

2.4 Schulsportrelevante Regeln

Das Regelwerk im Floorball ist grundsätzlich nicht sehr umfangreich. Dennoch erscheint es angeraten, für den Schulsportbereich einige Anpassungen und Vereinfachungen vorzunehmen, die einerseits zwar die Spielidee erhalten, andererseits jedoch den Aktionsfluss begünstigen und das Risiko von Verletzungen mindern.

Prinzipiell stellt das Regelwerk der IFF auch die Grundlage für den Schulsport dar. Bestimmte Vereinfachungen sind jedoch im Schulsport denkbar und sinnvoll.

Im Folgenden sind die wichtigsten Spielregeln zusammenfassend dargestellt und mit Interpretationen und Hinweisen für den Anwendungsbereich des Schulsports ergänzt. Die dargestellten Regeln beziehen sich dabei auf die Kleinfeld-Mixedvariante im Schulsport und wurden von Floorball Deutschland (Floorball Deutschland 2011) veröffentlicht.

Teilnehmer
Während des Spiels dürfen sich gleichzeitig maximal 4 Spieler auf dem Spielfeld bewegen. Ein Team kann die Spieler jederzeit nach Belieben auswechseln. Die optimale Anzahl der Auswechselspieler hängt von Intensität und Dauer der Spielform ab.

Vereinfachungen sind in den verschiedenen Bereichen des Reglements durchführbar.

Spieldauer
Die Spieldauer im Kleinfeld-mixed kann je nach Leistungsniveau oder Gruppenstärke variieren aber in der Regel beträgt die Spielzeit 8–12 Minuten bis hin zu 2x 15 Minuten mit 5 Minuten Pause zwischen den beiden Hälften. Im Rahmen der Schulsportausbildung können selbstverständlich auch kürzere Spielzeiten gewählt werden.

Im Vordergrund steht dabei das Ziel, die Schüler einerseits zeitnah zum Spiel zu befähigen und andererseits in die Spielleitung einzubinden.

Spielbeginn/Bully
Zu Beginn eines Spielabschnittes und zur Bestätigung eines Torerfolges wird ein Bully am Spielfeldmittelpunkt ausgeführt. Der Ball liegt dabei auf dem Punkt und zwei SpielerInnen stehen sich gegenüber, wobei die Schaufeln je auf einer Seite des Balles positioniert werden. Die Schaufeln müssen bis zum Anpfiff Bodenkontakt haben und dürfen sich nicht berühren. Nach dem Pfiff ist der Ball frei und darf gespielt werden. Bei einem Bully müssen sich alle Spieler einer Mannschaft in der eigenen Spielfeldhälfte aufhalten. Ein Bully wird weiterhin nach einer Spielunterbrechung ausgeführt, wenn keinem Team ein Einschlag, Freischlag oder Strafstoß zugesprochen wurde.

Einschlag
Ein Einschlag für das nicht fehlbare Team wird ausgesprochen, wenn der Ball das Spielfeld verlässt oder die Decke berührt. Der Einschlag wird prinzipiell am Ort des Vergehens, 1 m von der Bande entfernt,

ausgeführt aber niemals hinter der gedachten verlängerten Torlinie. In diesem Fall wird der Einschlag von dem nächstgelegenen Bullypunkt ausgeführt. Alle gegnerischen Spieler müssen einen Abstand von 2 m zum Ball einhalten. Der Einschlag muss geschlagen werden und kann nicht direkt zum Torerfolg führen.

Freischlag

Der Freischlag erfolgt durch die nicht fehlbare Mannschaft nach einem Foul des Gegners. Ein Freischlag wird prinzipiell am Ort des Vergehens ausgeführt. Der Freischlag kann nicht zu einem direkten Torerfolg führen und muss geschlagen werden. Alle gegnerischen Spieler (inkl. Schläger) müssen sofort einen Abstand von mindestens 2 Metern zum Ball einhalten.

Hoher Stock

Der Ball darf generell nur bis Kniehöhe gespielt werden. Hoher Stock gilt als Vergehen, wenn der Spieler bei Ausholen vor der Ballberührung oder Ausschwingen die Schlägerkelle über Hüfthöhe schwingt. Beim Laufen sollte ein hoher Stock nur abgepfiffen werden, wenn es für andere Spieler gefährlich wird. Insbesondere bei der Schussabgabe sollte jedoch konsequent durchgegriffen werden.

Stockschlag

Der Stock gilt im Floorball ausschließlich dem Spiel des Balls. Stockschlag gilt als Vergehen, wenn ein Spieler den Gegner oder dessen Stock mit dem eigenen Schläger trifft, festhält, blockiert oder anhebt. Er wird im Normalfall mit einem Freischlag geahndet.

Stoßen

Stoßen gilt als Vergehen, wenn ein Spieler mit oder ohne Ballkontrolle den Gegner mit anderen Körperteilen als der Schulter (z. B. Hüfte, Arme, Beine) behindert oder wegstößt. Solche Körpereinsätze werden mit einer Zeitstrafe oder in weniger gravierenden Fällen mit einem Freischlag geahndet.

Vor allem bei großen körperlichen Unterschieden in einer Klasse, sollte hartes Körperspiel konsequent abgepfiffen werden. Eine kleine Zeitstrafe dauert normalerweise 2 Minuten. Im Schulsport sind aber auch kürzere Strafzeiten oder spezielle Zusatzaufgaben denkbar.

Hochspringen

Hochspringen gilt als Vergehen, wenn ein Spieler hochspringt, um den Ball zu stoppen.

Spiel mit dem Körper

Der Ball darf nach aktuellem Regelwerk mit dem Fuß gestoppt und auch gespielt werden. Der Fußpass gilt nicht mehr als Vergehen, allerdings darf mit dem Fuß kein Tor erzielt werden. Als Vergehen wird jedoch geahndet, wenn ein Spieler den Ball mit der Hand, dem Arm oder dem Kopf stoppt oder spielt.

Strafstoß

Ein Strafstoß (Penalty) wird bei einem Vergehen für das nichtfehlbare Team ausgesprochen. Der Strafstoß wird im Abstand von 7 Metern zum Tor vom Penaltypunkt ausgeführt. Ein Penalty wird erteilt, wenn eine klare Torsituation vom gegnerischen Team durch ein Vergehen verhindert wird. Der Ball muss geschlagen werden (nicht gezogen). Der Ball darf nur einmal auf das Tor gespielt werden, es ist kein Nachschuss erlaubt.

Bodenspiel

Der Bodenkontakt ist nur mit den Füßen und einem Knie erlaubt. Insbesondere das „sich in die Schussbahn werfen“ sollte konsequent abgepfiffen werden.

Torraum

Das Betreten des Torraumes während des Spiels durch einen Feldspieler ist nicht erlaubt und wird mit einem Freischlag geahndet. Wird jedoch durch das Betreten des Torraums aktiv ein Torerfolg verhindert, erhält das geschädigte Team einen Strafstoß.

Zielstellung der für den Schulsport vereinfachten Regeln ist es, die SchülerInnen schnellstmöglich selbst in die Spielleitung einzubeziehen. Wichtig ist dabei, dass die LehrerInnen selbst bei der Spielleitung eine konsequente Linie verfolgen und insbesondere Foulspiele (mit Stock oder Körper) geahndet werden.

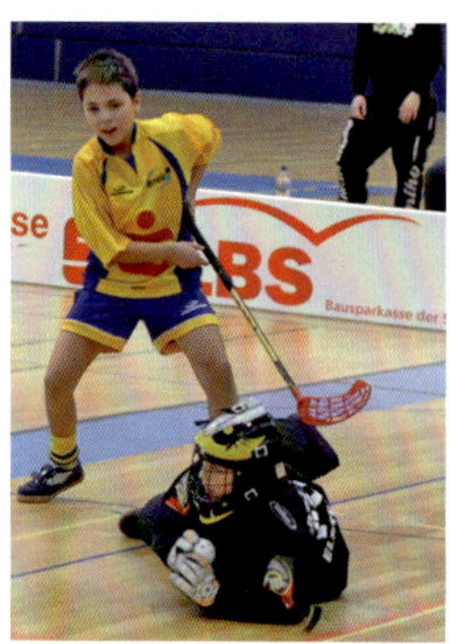

Zielstellung der für den Schulsport vereinfachten Regeln ist es, die SchülerInnen schnellstmöglich selbst in die Spielleitung einzubeziehen. Wichtig ist dabei, dass die LehrerInnen selbst bei der Spielleitung eine konsequente Linie verfolgen und insbesondere Foulspiele (mit Stock oder Körper) geahndet werden.

Kapitel 2

Praxisteil

3 Erwärmungs- und Gewöhnungsübungen

4 Schlägerhaltung und Ballführung

5 Ballannahme und Ballabgabe/Passspiel

6 Schusstechnik

7 Spielfähigkeit und Taktik

8 Bewertungskriterien für Leistungskontrollen im Schulsport

9 Unterrichtsbeispiele

Erläuterungen zum allgemeinen Vorgehen im Praxisteil

Im folgenden Abschnitt werden praxisrelevante Hinweise für die Vermittlung der Sportart Floorball aufgezeigt. Wir folgen hierbei dem Ansatz, die grundlegenden sportartrelevanten Techniken sowie ausgewählte taktische Inhalte zu besprechen. Die Darstellung ist demnach keineswegs umfassend, bietet jedoch vor allem für die Vermittlung der Sportart an Anfänger ausreichend Möglichkeiten.

Inhaltlich gliedern sich die anschließenden Abschnitte wie folgt: Den floorballspezifischen technischen sowie taktischen Abschnitten vorgeschaltet sind allgemeine sportartspezifische Gewöhnungs- und Erwärmungsübungen (3). Anschließend werden die Schlägerhaltung und Ballführung (4) thematisiert. Neben Hinweisen zu technischen Grundlagen werden dabei vor allem Übungsbeispiele und -varianten zum Erlernen und Festigen sowie einige exemplarische Trainingsparcours vorgestellt. Anschließend werden Möglichkeiten zur Vermittlung von Ballannahme/-abgabe (5) und Schusstechniken (6) in den Blick genommen. Auch hier werden Übungen zum Erlernen und Festigen der jeweiligen Technik besprochen. Die Entwicklung von Spielfähigkeit sowie taktische Trainingsvarianten (7) werden im daran anschließenden Abschnitt fokussiert. Den Praxisteil schließen einige Vorschläge bez. Kriterien zur Leistungsbewertung im Unterricht (8) sowie exemplarische Unterrichtsbeispiele (9) ab.

Grundsätzlich soll der Fokus der dargestellten Trainingsvarianten insbesondere auf Vermittlungsmöglichkeiten im Einsteiger-Bereich des Schulsports liegen. Alle Übungsformen wurden anhand einer Dreier-Skala in verschiedene Schwierigkeitsgrade eingestuft. Durch die zusätzlich zu den Grundübungen vorgestellten Varianten können die Übungen jedoch auch an die Könnensstufe der Übenden angepasst und auch im Fortgeschrittenen-Bereich eingesetzt werden.

	Das Übungsbeispiel eignet sich für Einsteiger. Schwierigkeitsgrad = einfach
	Das Übungsbeispiel eignet sich für Fortgeschrittene Schwierigkeitsgrad = mittel
	Das Übungsbeispiel eignet sich für Fortgeschrittene Schwierigkeitsgrad = anspruchsvoll

3 Erwärmungs- und Gewöhnungsübungen

Erwärmungs- und Gewöhnungsübungen stellen die Grundlage im Übungs- und Trainingsprozess dar.

Erwärmungs- und Gewöhnungsübungen dienen dem allmählichen Einstieg in die Trainings- und Unterrichtseinheit. Das Herz-Kreislauf-System und die Muskulatur der Übenden werden aktiviert und auf die folgende Belastung im Hauptteil der Einheit vorbereitet. Diese Übungen, welche bereits mit Schläger und Ball durchgeführt werden sollten, sensibilisieren die SpielerInnen für die anstehenden Inhalte und bereiten auf die Ausbildung der floorballspezifischen Spielfähigkeiten und -fertigkeiten vor. Besonders wichtig ist es hierbei, die Hand-Stock-Ball-Koordination mittels vielseitiger und abwechslungsreicher Übungsangebote einzuleiten.

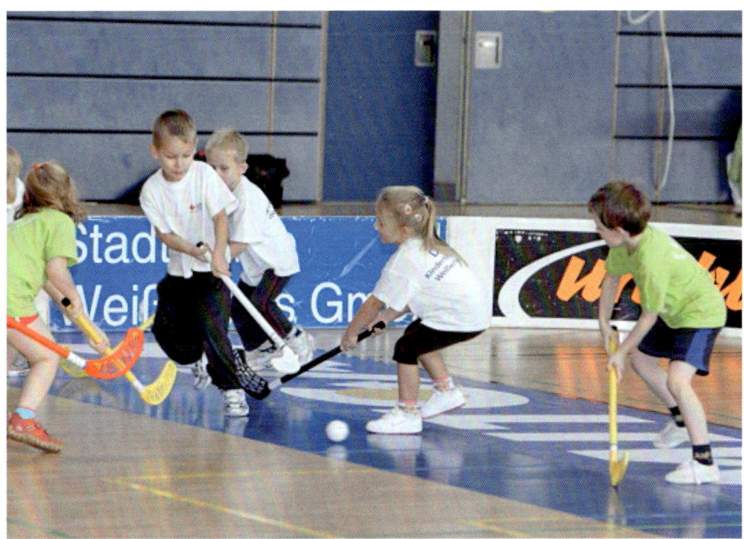

Bedingungen:
(1) Moderate Intensität
(2) Erwärmter Zustand

Die Intensität des Gewöhnungs- und Erwärmungsteils sollte moderat gewählt werden, um die Kraft, Aufmerksamkeit und Motivation der Schüler auch noch im Hauptteil der Übungseinheit zu gewährleisten. Gleichzeitig sollten die Schüler körperlich in einem gut erwärmten Zustand sein, um Verletzungen durch die im Floorball vorherrschenden Antritt- und Abbremsbewegungen vorzubeugen und um höhere sportliche Leistungen vollbringen zu können. Bei der Übungsauswahl sind daher Varianten zu bevorzugen, bei denen möglichst viele Übende gleichzeitig im Einsatz sind. Die Anwendung von Wettkampfformen steigert meist zusätzlich die Motivation und Einsatzbereitschaft.

3.1 *Floorball – Tippball*

Schwierigkeit

Übungsform ***Floorball – Tippball***

mit Einwirkung des Gegners

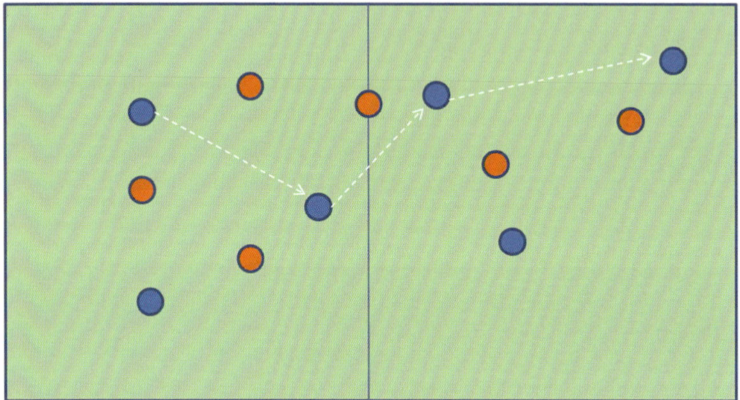

Abb. 6: Variation des Floorballspiels angelehnt an das kleine Spiel Parteiball

Das Prinzip der Übung ist angelehnt an das „Kleine Spiel" Parteiball. Zwei Mannschaften beabsichtigen, den Ball durch Wurfpässe so lange wie möglich in den eigenen Reihen zu halten. Der Ball ist in diesem Fall ein Floorball und muss vor jedem Passspiel kurz auf den Boden getippt werden. Absicht der gegnerischen Mannschaft ist es nun, wieder in Ballbesitz zu kommen. Tippball bietet sich als ein Gewöhnungsspiel für das neue Sportgerät an und sensibilisiert die SpielerInnen für Gewicht, Größe und Form/Material des Balls, dessen Flugverhalten sowie die erreichbaren Ballgeschwindigkeiten.

Varianten

- Die Zuspiele jedes Teams werden gezählt, bei Ballverlust muss bei Null mit dem Zählen begonnen werden.
- Als Abwandlung des Spiels bietet sich der Einsatz von bestimmten Zielen an, z. B. das Tippen des Balles auf einen Hocker, in einen Reifen oder in ein Tor. Die Mannschaft, die das Ziel erreichen konnte, erhält einen Trefferpunkt.

3.2 Floorball – Brennball

Schwierigkeit

Übungsform
Floorball – Brennball

ohne Einwirkung des Gegners

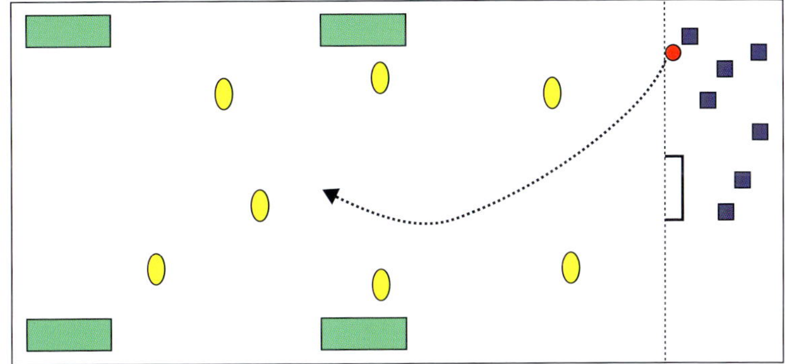

Abb. 7: Variation des Floorballspiels auf der Grundlage des kleinen Spiels Brennball

Die SpielerInnen werden in zwei Gruppen eingeteilt. Die erste Gruppe eröffnet das Spiel mit einem Pass oder Schuss in das Spielfeld. Der Spieler, welcher geschossen hat, darf laufen. Dabei dienen Reifen oder Matten als Rettungsinseln. Die Mannschaft in der Spielfeldmitte fängt den Ball ab und versucht ihn so schnell wie möglich in das Tor zu schießen. Sobald ein Spieler zwischen den Malen „verbrannt" wird, muss er sich als „angebrannter Spieler" hinten anstellen. Während des Spiels wird die Zeit gestoppt und die gelaufenen Runden werden gezählt. Auch hier sind zahlreiche Varianten denkbar.

Varianten

- Der Ball darf nur hoch in das Feld gespielt werden.
- Die Mannschaft im Spielfeld muss erst eine bestimmte Anzahl von Pässen spielen, bevor sie auf das Tor schießt.
- Das Schießen auf das Tor wird durch den Torhüter erschwert.
- Wenn ein Spieler auf einer Rettungsinsel verweilen muss, darf er nur in bestimmten Lauftechniken das Ziel erreichen.
- Auf einer Rettungsinsel darf nur eine bestimmte Anzahl von Spielern verweilen.
- Die Form des Brandmals kann variiert werden, indem das Tor durch ein Kastenteil ersetzt wird. Die Spieler werden jetzt gefordert den Ball in das Kastenteil zu lupfen.

3.3 Floorball – Parteiball

Schwierigkeit

Übungsform
Floorball – Parteiball

mit Einwirkung des Gegners

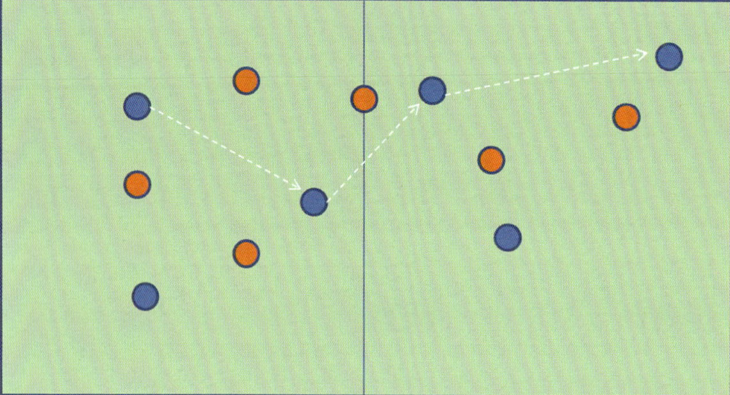

Abb. 8: Variation des Floorballspiels auf der Grundlage des kleinen Spiels Parteiball

Bei dieser Übungsform versuchen zwei Mannschaften – alle Schüler sind im Besitz eines Floorballschlägers – den Ball durch Zuspiel so lange wie möglich in den eigenen Reihen zu halten. Die gegnerische Mannschaft muss nun versuchen, wieder in Ballbesitz zu kommen. Die Grundvoraussetzungen der Spielfähigkeit, das Freilaufen und Decken im Spiel sind hier für ein erfolgreiches Spiel erforderlich und werden ideal geschult. Varianten dieses Spieles sind nach Alters- und Könnensstufen vorzunehmen und situativ durch neue Impulse für einen abwechslungsreichen Sportunterricht zu gestalten.

Varianten

- Damit eine zusätzliche Vereinfachung für die Ball führende Mannschaft gewährleistet wird, dürfen die Gegner nur mit umgedrehtem/ohne Schläger nach dem Ball haschen.
- Die Spieleranzahl wird auf 4 gegen 4 oder 3 gegen 3 begrenzt, um eine „Traubenbildung“ um den Ball zu vermeiden. Dadurch werden auch aktives Freilaufen und das Sehen von Freiräumen von den Spielern abverlangt.
- Um die Anforderung an Technik und Ausdauer zu erhöhen, kann das Spielfeld verkleinert bzw. vergrößert werden.
- Die Ballübergabe erfolgt nur mit der Vorhand-/Rückhandseite.
- Begrenzung der Ballberührungen (3–5) oder Limitierung der Zeit (3 Sek.), in der der Ball weiter gespielt werden muss.

3.4 Floorball – Jägerball

Schwierigkeit

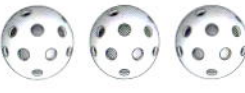

Übungsform
Floorball – Jägerball

mit Einwirkung des Gegners

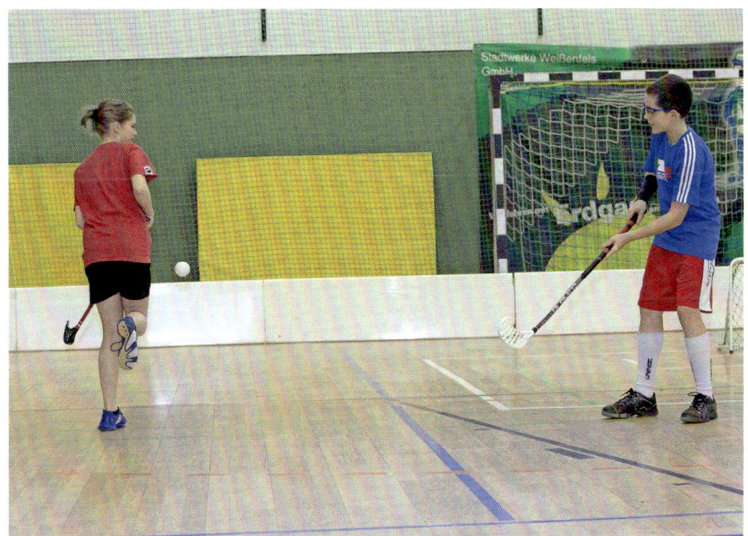

Floorball Jägerball ist vor allem bei jüngeren Schülern eine sehr beliebte Übungsform. Bei diesem Spiel versuchen zwei bis vier Schüler als Jäger die anderen Mitspieler an den Unterschenkeln zu treffen. Sobald ein Schüler getroffen wurde, wird auch dieser Schüler zum Jäger. Wichtig bei dieser Spielform ist, dass die Bälle nur bis maximal Kniehöhe gespielt und die Stöcke auch nur bis Kniehöhe geschwungen werden, um die Verletzungsgefahr zu minimieren. Zudem ist die Verwendung von Softbällen möglich.

Varianten

- Je nach Gruppenstärke können mehr als zwei Jäger von Beginn an eingesetzt werden. Dies garantiert vor allem bei ungeübten Spielern eine höhere Erfolgsquote für die Jäger.
- Eine weitere Möglichkeit besteht darin, die Jägerzahl beizubehalten und nur den Jäger mit dem Spieler auszuwechseln, der vom Ball getroffen wurde.
- Eingrenzungen des Spielfeldes erleichtern zudem die Treffermöglichkeiten.

3.5 Floorball – Tennis

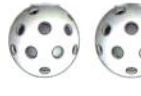 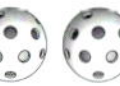

Schwierigkeit

Übungsform
Floorball – Tennis

ohne Einwirkung des Gegners

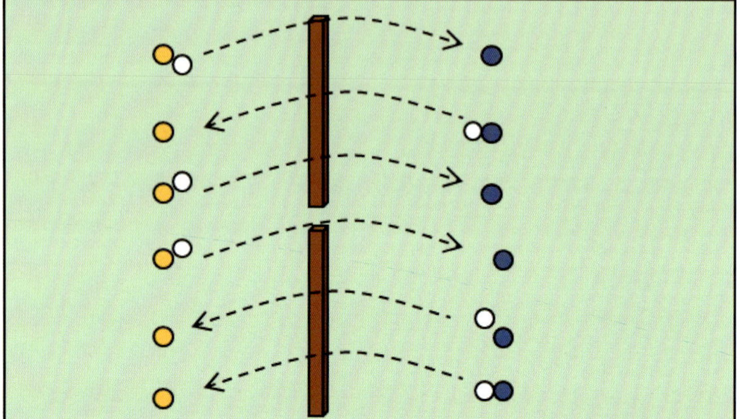

Abb. 9: Variation des Floorballspiels auf der Grundlage des Sportspiels Tennis

Floorball-Tennis ist eine sehr gute Geschicklichkeitsübung, zur Schulung der Stock-Ball-Koordination. Ziel ist es, den Ball über die Turnbank oder ein flach gespanntes Netz zum Gegner zu lupfen. Dieser spielt den Ball nach einmaligem Aufkommen mit einem differenzierten Schlag zurück. Der Ball sollte mit der Vorhand wie mit der Rückhand des Schlägers gespielt werden. Je nach Könnensstufe kann der Ball auch mehrfach auf dem Boden aufkommen. Es ist darauf zu achten, dass der Schläger bei der Ballannahme sowie bei der Ballabgabe nicht über Kniehöhe ausgeschwungen wird.

Varianten

- Der Ball sollte mit der Vorhand und/oder mit der Rückhand des Schlägers gespielt werden.
- Je nach Könnensstufe kann der Ball auch mehrfach auf dem Boden aufkommen.
- Bei fortgeschrittenen Gruppen können die Spieler versuchen, den Ball hinter eine bestimmte Markierung und von dort auch wieder zurückzuspielen.

3.6 Floorball – Squash

Schwierigkeit

Übungsform
Floorball – Squash

ohne direkte Einwirkung des Gegners

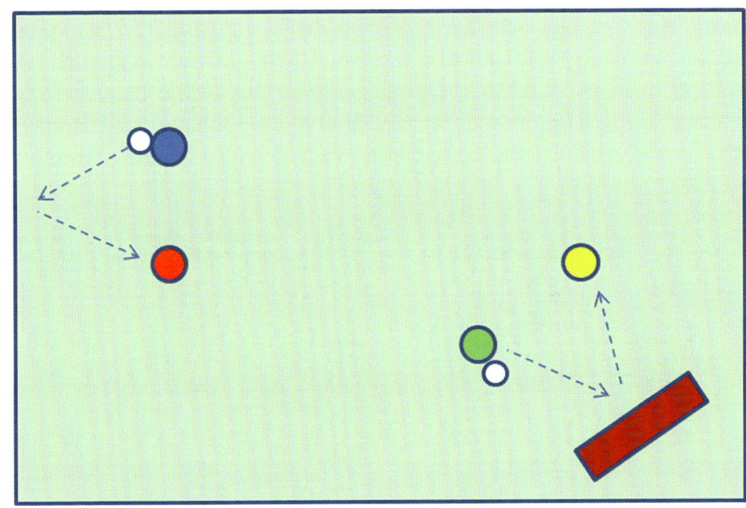

Abb. 10: Variation des Floorballspiels auf der Grundlage des Sportspiels Squash

Ähnlich wie beim Floorball-Tennis wird auch hier insbesondere die Geschicklichkeit geschult. Das Ballhandling ist eine wichtige Vorbereitung für spätere, komplexere Übungen sowie die Entwicklung der Spielfähigkeit. Zwei Spieler stehen ca. 3–4 m von der Wand oder einem Schwedenkasten entfernt im Abstand von 1–2 m nebeneinander. Der Ball wird vom ersten Spieler gegen die Wand oder den Kasten gespielt und muss nach einmaligem Auftreffen vom Gegner über die Wand wieder zurück gespielt werden.

Varianten

- Der Ball kann mit der Vorhand und/oder der Rückhand gespielt werden.
- Je nach Könnensstufe kann der Ball auch mehrfach auf dem Boden aufkommen.
- Um einen zusätzlichen Anreiz zu schaffen, kann das Spiel als Wettkampfform gegeneinander gespielt werden.

3.7 Floorball – Staffelspiele

Schwierigkeit

Staffelspiele eignen sich sehr gut, um Koordination und Technik variabel zu schulen. Beispielsweise können Umkehrstaffeln oder Pendelstaffeln mit und ohne Floorballschläger gespielt werden. Die Anforderungen an die Koordination können durch das Einbauen von Hindernissen und zusätzlichen Aufgaben je nach Leistungsvermögen erhöht werden.

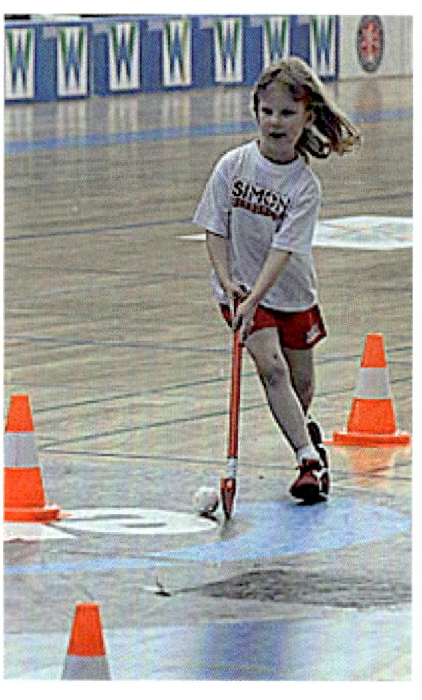

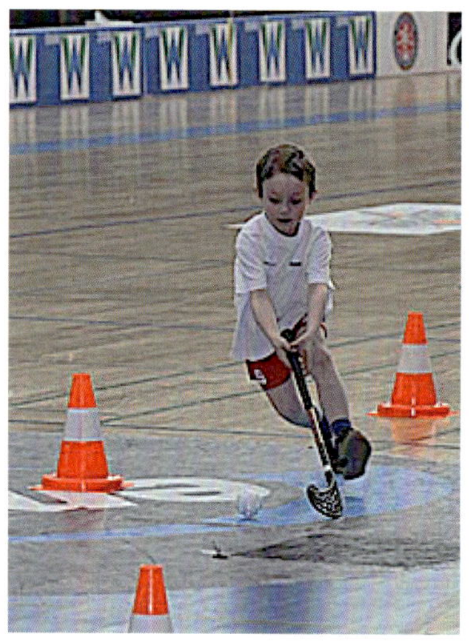

Staffelspiel-Varianten

Eignen sich zur variablen Schulung der Schlägerhaltung und Ballführung unter Zeitdruck

Varianten

- Spielen des Balls nur mit der Vorhand
- Spielen des Balls nur mit der Rückhand
- Spielen des Balls mit beiden Seiten der Schlägerkelle (Vorhand-Rückhanddribbling)
- Spielen des Balls mit umgedrehtem Schläger
- Spielen des Balls mit verschiedenen Griffarten
- Spielen des Balls mit Schlägerführung der anderen Hand
- Spielen des Balls ohne Schläger nur mit dem Fuß
- Spielen des Balls nur durch Werfen
- Spielen des Balls durch Dribbling und Pass zum Mitspieler

4 Schlägerhaltung und Ballführung

Übungsformen zur Vermittlung der Ballführung werden unterschieden in:

Übungen *ohne* Einwirkung des Gegners

Übungen *mit* Einwirkung des Gegners (halbaktiv und aktiv)

Im Gegensatz zum Feldhockey dürfen beim Floorball beide Schlägerseiten zur Ballführung benutzt werden.

Beginnend mit Blickkontakt zum Ball sollte der Spieler im Trainingsverlauf dazu gebracht werden, den Ball ohne Blickkontakt zu spielen.

Das Erlernen der Ballführung ist für die Entwicklung des Floorballspiels die grundlegende Voraussetzung. Man unterscheidet bei der Vermittlung zwei verschiedene Arten der Ballführung. Zum einen geht es um das Erlernen der Ballführung ohne Mitspieler bzw. Gegenspieler, zum anderen um die Ballführung mit Gegnereinwirkung bis hin zum Zweikampf. Diese Arten sollten den Spielern durch möglichst vielfältige Formen der Bewegung mit Schläger und Ball vermittelt werden. Anders als beim Hallen- oder Feldhockey kann beim Floorball mit beiden Seiten der Schlägerkelle gespielt werden. Dieses Vorhand-Rückhanddribbling muss von Beginn an in die Ausbildung der Ballführung eingebunden werden. Man beginnt mit der Vermittlung der richtigen Schlägerhaltung, um dann das Dribbling am Ort und das Fortbewegen in einem bestimmten Raum nur mit Schläger und Ball zu üben. Als Steigerungsmöglichkeit können verschiedene Aufgaben gestellt werden, wie beispielsweise das Ändern der Laufrichtung auf Kommando oder das Bewegen auf verschiedenen Linien mit dem Ball. Außerdem arbeitet man mit Hindernissen, die der Ballführende beachten bzw. bewältigen muss. Der Spieler muss zunehmend den Blick von der Schlägerkelle und dem Ball lösen, bis er letztendlich ohne Blickkontakt den Ball führen kann. Die Art der Vermittlung der Ballführung mit Gegnereinwirkung lässt sich ebenfalls je nach Leistungsniveau abstufen. Meist beginnt man damit inaktive Mitspieler einzusetzen, die nicht störend auf die Ballführung einwirken, jedoch den Impuls dafür geben, dass mehrere Spieler am Spiel beteiligt sind. Darüber hinaus besteht die Möglichkeit halbaktive Gegenspieler einzusetzen. Hier soll der Ballführende vorerst leicht in der Fortbewegung gestört und damit gezwungen werden neue Lösungswege im Bewegungsablauf zu suchen, um den Ball an das Ziel zu bringen. Die höchste Stufe beim Erlernen der Ballführung ist das Üben mit aktivem Gegner, welcher ganz klar das Ziel der Balleroberung hat. Beim Trainieren des Zweikampfverhaltens muss streng auf das Einhalten der Spielregeln geachtet werden, um Verletzungen, unsauberes Spielen sowie Technikfehler zu vermeiden. Wesentliche Ziele des Lernfeldes Ballführung sind Sicherheit, Variantenreichtum und Aktionsschnelligkeit in der Bewegung mit Schläger und Ball.

4.1 Allgemeines zur Schlägerhaltung

Die elementarste Bewegungsvoraussetzung, um weitere Techniken des Floorballspiels zu erlernen, ist die richtige Schlägerhaltung.

Grundsätzlich spricht man im Floorball von einer flexiblen Schlägerhaltung.

Der Schläger sollte je nach Spielsituation und Spielvermögen in einer flexiblen Griffhaltung gehalten werden.

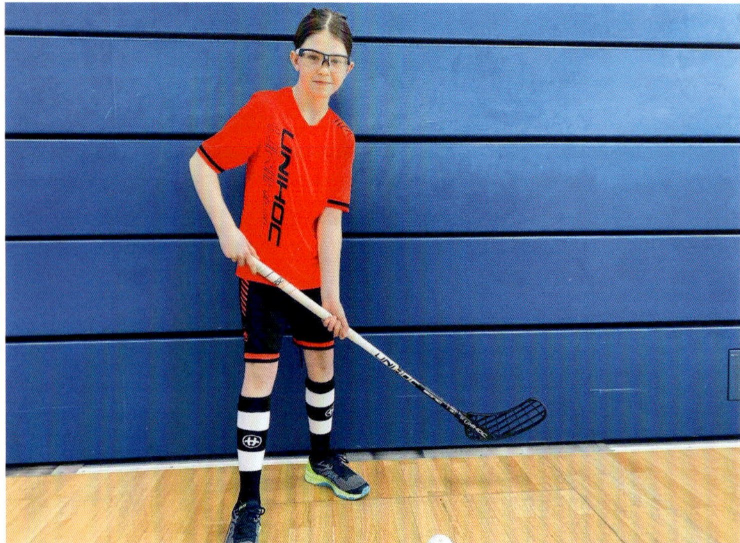

Abb. 11: Die beidhändige Schlägerhaltung

Der Schläger wird am oberen Ende des Schlägergriffs mit der Führungshand gefasst, diese kann bei jedem Spieler unterschiedlich sein. Die zweite Hand greift unterstützend mit etwas Abstand unterhalb des Griffbereichs. Um Sicherheit in der Ballführung im Anfängerbereich auszubilden, sollte der Schläger immer mit beiden Händen halten werden.

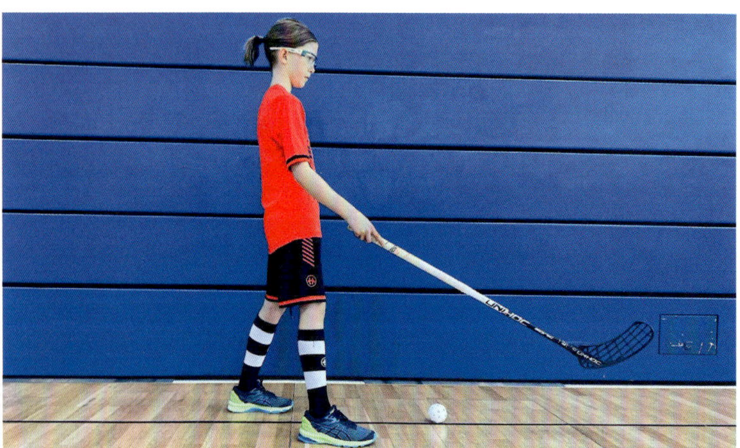

Abb. 12: Die einhändige Schlägerhaltung

Einhändig wird der Schläger meist gehalten, wenn der Spieler sich ohne Ball auf dem Spielfeld fortbewegt. Aber auch in der Ballführung kann es Situationen geben, in denen der Schläger einhändig geführt wird. Das erfordert allerdings eine hohe Ballsicherheit und ist eher bei fortgeschrittenen Spielern zu sehen. Bei der Ballführung ist, ähnlich wie bei der Ballannahme und -abgabe, darauf zu achten, dass die Ausbildung sowohl für die Vorhand- als auch für die Rückhandseite erfolgt. Dies ist notwendig, um die Flexibilität im Spiel zu erhöhen sowie variantenreich agieren und reagieren zu können.

4.2 Allgemeines zur Ballführung

In der technischen Ausbildung sollten Vor- und Rückhandseite gleichermaßen entwickelt werden.

In Bezug auf das Erlernen der Ballführung ist sowohl bei der Vorhand- als auch bei der Rückhandseite auf folgende Technikmerkmale zu achten:

- Eine offene beidhändige Schlägerhaltung, um Sicherheit und mehr Bewegungsfreiraum zu gewährleisten.
- Eine leicht gebeugte Kniestellung bei geradem Rücken.
- Ein enger Ball-Kellen-Kontakt, wobei das Schlägerblatt den Ball halbmondartig schützt.
- Das Lösen des Blickes von der Schlägerkelle.

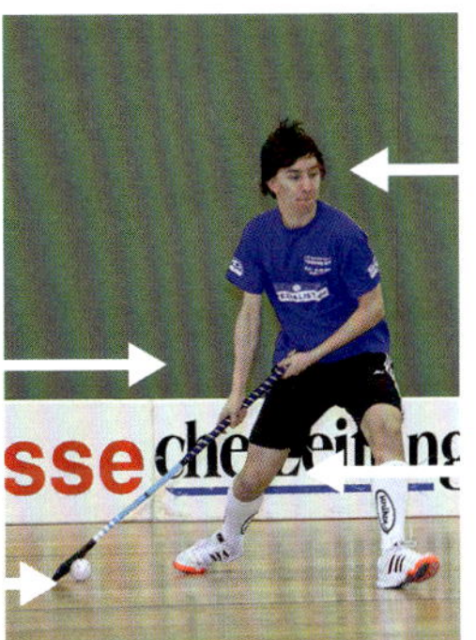

Abb. 13: Technikmerkmale der Ballführung

4.3 *Erlernen der Ballführung – Ballwechsel*

Schwierigkeit

Übungsform
Ballwechsel

ohne Einwirkung des Gegners

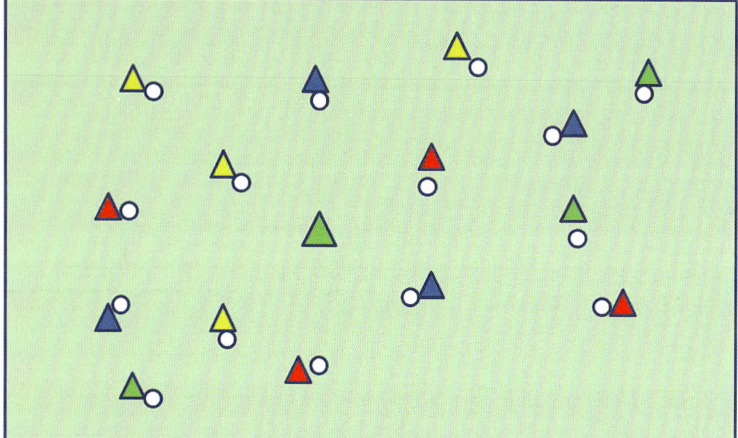

Abb. 14: Einfachste Übungsform zum Erlernen der Ballführung ohne Gegnereinwirkung

Alle Spieler dribbeln mit dem Ball am Schläger im Spielfeld. Ein Spieler besitzt keinen Ball, er bekommt dafür jedoch eine Pfeife. Auf Pfiff muss jeder Spieler seinen Ball liegen lassen und einen neuen suchen (auch der Spieler mit der Pfeife). Der Spieler, der keinen Ball findet, muss im neuen Durchgang pfeifen.

Varianten

- Der Spieler ohne Ball muss eine Zusatzaufgabe machen (Liegestütze, Hockstrecksprünge, Torschüsse o. Ä.).
- Um zusätzlich das periphere Sehen zu schulen, können außerdem Hindernisse, wie Kegel oder Hocker, auf dem Spielfeld verteilt werden.

4.4 Erlernen der Ballführung – Schwarzer Mann

Schwierigkeit

Übungsform
Schwarzer Mann

mit geringer Einwirkung des Gegners

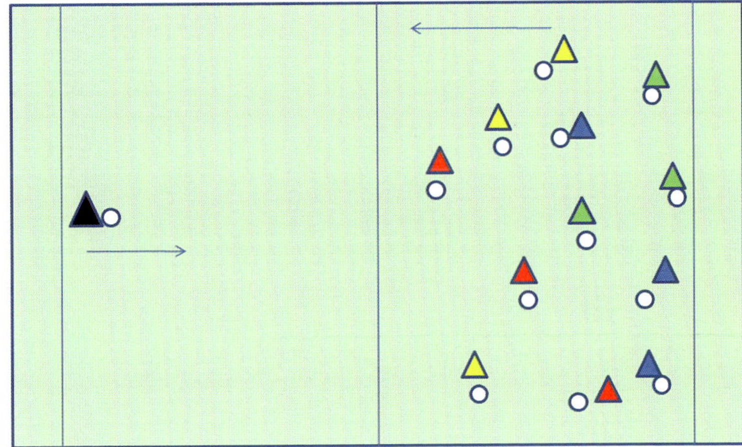

Abb. 15: Schwarzer Mann – Übungsform zum Erlernen der Ballführung mit geringer Gegnereinwirkung

Die Spieler stehen dem „Schwarzen Mann“ (Fänger) an den Längsseiten des Spielfeldes gegenüber. Auf den Zuruf „Wer hat Angst vorm schwarzen Mann?“ antworten die Spieler „Niemand“ und versuchen anschließend mit Schläger und Ball auf die andere Spielfeldseite zu gelangen und dabei dem entgegenkommenden Fänger auszuweichen. Dieser versucht so viele Spieler wie möglich abzuschlagen oder mit dem Ball zu treffen. Diese werden im nächsten Lauf ebenfalls zum Fänger. Sieger ist der Spieler, der den Fängern bis zuletzt entgeht. Spieler, die das Spielfeld verlassen, gelten ebenfalls als gefangen. Bei allen Spielern wird die Ballführung durch den Wettkampfgedanken, die Mitspieler und den Fänger variabel geschult. Außerdem sind die Spieler durch die Konfrontation mit dem Fänger gefordert, den Blick vom Spielgerät zu lösen.

Varianten

- Die abgeschlagenen Spieler haben als Helfer des Schwarzen Mannes kein Schlagrecht. Sie dürfen nur aufhalten oder behindern.
- Das Spiel wird mit zwei oder drei Fängern gespielt. Sieger ist derjenige, der nach mehreren Läufen die meisten Spieler abgeschlagen bzw. getroffen hat.
- Um den Schwierigkeitsgrad zu erhöhen, müssen die Spieler zwei hintereinander liegende Felder, die von zwei oder drei Fängern bewacht werden, durchlaufen. Dazu eignet sich ein Spielfeld von 40 m Länge, welches geteilt wird.

4.5 Festigen der Ballführung – Autoscooter

Schwierigkeit

Übungsform
Autoskooter

mit verstärkter Einwirkung des Gegners

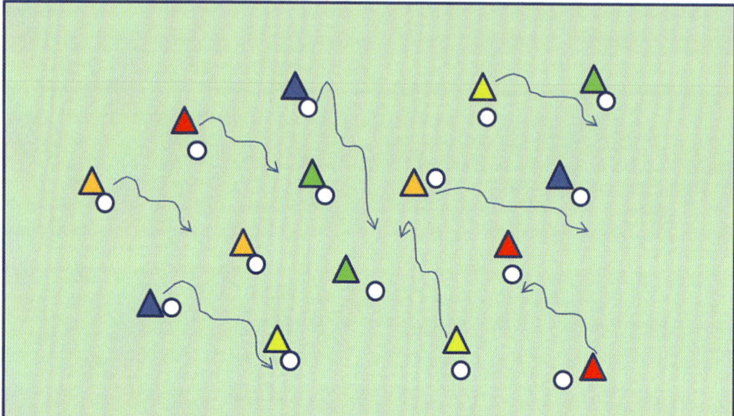

Abb. 16: Autoscooter – Übungsform zum Festigen der Ballführung durch verstärkte Gegnereinwirkung

Alle Spieler laufen in einem abgegrenzten Feld durcheinander und achten darauf, ihren Ball sauber zu führen und nicht zu verlieren. Nun ist es die Absicht eines jeden Spielers, die Mitspieler in ihrer Ballführung zu stören, in dem beispielsweise der Ball gestohlen oder der Weg des Mitspielers gekreuzt wird. Der eigene Ball muss jedoch ebenfalls vor Angriffen abgeschirmt werden. Vom Spielleiter ist darauf zu achten, dass die Störungen nicht durch Stockschläge sondern lediglich durch Bewegungen mit Ball erfolgen.

Variante

- Um den Schwierigkeitsgrad zu erhöhen, kann die Größe des Spielfeldes verändert werden. Je weniger Platz die Spieler haben, desto schwerer wird das Kontrollieren des Balls und umso häufiger sind Konfrontationen mit Gegenspielern.

4.6 Festigen der Ballführung – Ball stehlen

Schwierigkeit

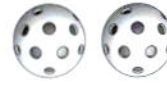

Übungsform
Ball stehlen

mit verstärkter Einwirkung des Gegners

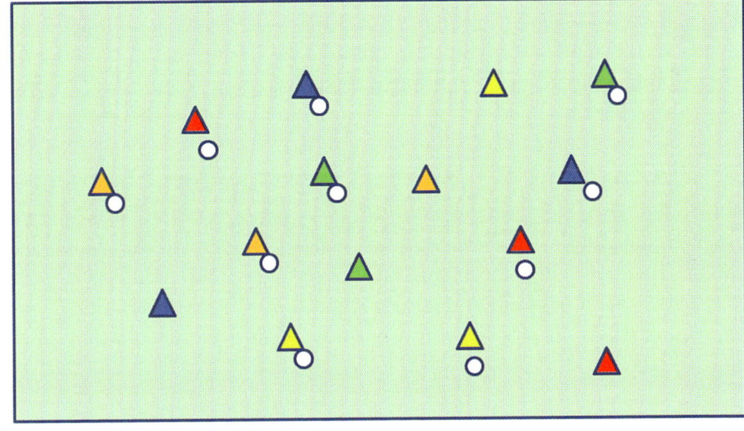

Abb. 17: Ball stehlen – Übungsform zum Festigen der Ballführung durch verstärkte Gegnereinwirkung

Alle Übenden bewegen sich mit Vorhand-Rückhanddribbling im Spielfeld. Die Spieler, welche keinen Ball besitzen, versuchen sich einen Ball zu erobern, indem sie die Ballführung der anderen Mitspieler stören. Hierbei ist darauf zu achten, dass immer zum Ball und nicht zum Stock des Mitspielers gegangen wird, um Stockschläge zu vermeiden. Verliert ein Spieler seinen Ball, muss er sich einen neuen erkämpfen.

Varianten

- Die Jäger spielen nur mit umgedrehten Schlägern, um das Erobern des Balls zu erschweren.
- Bei Anfängern und Spielern, die in der Ballführung noch sehr unsicher sind, kann auch mit halbaktiven Gegnern gespielt werden.

4.7 Festigen der Ballführung – Parcoursvarianten

Übungsparcours sind abwechslungsreich und eignen sich besonders in der Schule sehr gut zum Erlernen und Festigen der Balltechniken im Floorball. Die Vorteile des Einsatzes eines Parcours liegen vor allem darin, dass viele Spieler gleichzeitig unterschiedliche Techniken trainieren können und sich dadurch, je nach Gestaltung des Parcours, die technischen Schwerpunkte optimal auf das Leistungsniveau der Gruppe abstimmen lassen.

Das Üben im Parcours ermöglicht das gleichzeitige Techniktraining vieler Spieler.

Die Schwierigkeit für den Lehrenden könnte in der Übersicht und Kontrolle über die Bewegungsausführung des Einzelnen liegen. Darüber hinaus kann durch das Non-Stop-Üben bei längerer Übungsdauer die Gefahr der unkonzentrierten Ausführung bestehen. Für den Einsatz von Bewegungsparcours sollte daher, im Rahmen der Technikschulung, bei den Spielern vorab eine gute Bewegungsvorstellung ausgebildet werden.

Voraussetzung für Parcours im Techniktraining: Eine gute Bewegungsvorstellung beim Spieler.

Im folgenden Abschnitt werden verschiedene Rundläufe mit den Schwerpunkten Ballführung, Passspiel und Schießen in unterschiedlichen Schwierigkeitsstufen vorgestellt. Natürlich sind der Variabilität keine Grenzen gesetzt. Die Varianten sind Vorschläge und sollten an die materiell/räumlichen Gegebenheiten sowie den Könnensstand der Übenden angepasst werden.

Übersicht zum Materialeinsatz in den Parcours:

Abbildung	Materialbeschreibung
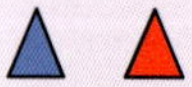	Kegel, Startkegel oder Hinderniskegel
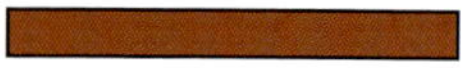	Langbank als Bande oder Hindernis
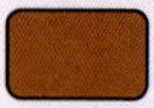	Hocker zum Umspielen oder Durchspielen oder Hindernis
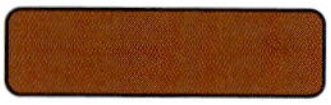	Schwedenkasten, Kastenoberteil
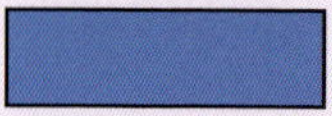	Matte als Hindernis

Parcours 1 – Ballführung, Passen und Schießen für Anfänger

Schwierigkeit 

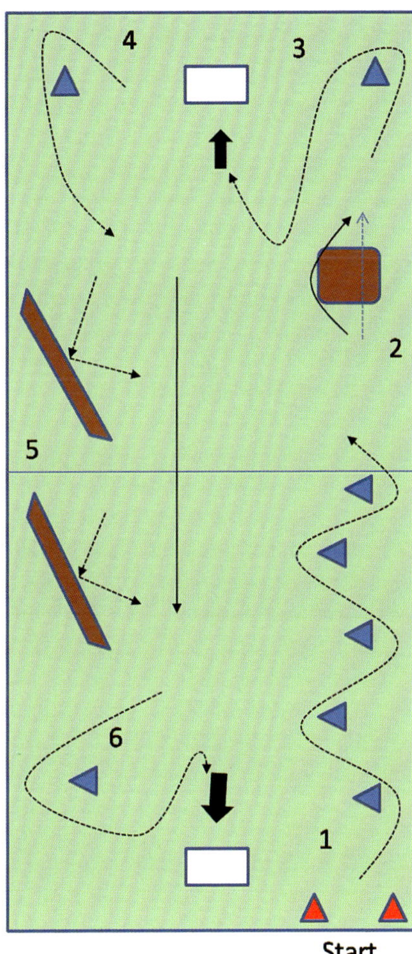

1 Vorhand-Rückhand – Slalomdribbling um die aufgestellten Kegel
2 Ball unter einem Hocker durchspielen, Spieler überläuft den Hocker – Differenzierung der Spielgeschwindigkeit
3 Umlaufen des Kegels und Schießen in einer beliebigen Schusstechnik auf das Tor
4 Umlaufen des Kegels mittels Vorhandspiel
5 Passspiel gegen die Bank – Schulung der Ballabgabe und Ballannahme
6 Umlaufen des Kegels und Abschluss auf das Tor in einer beliebigen Schusstechnik

Parcours 2 – Ballführung für Anfänger

Schwierigkeit

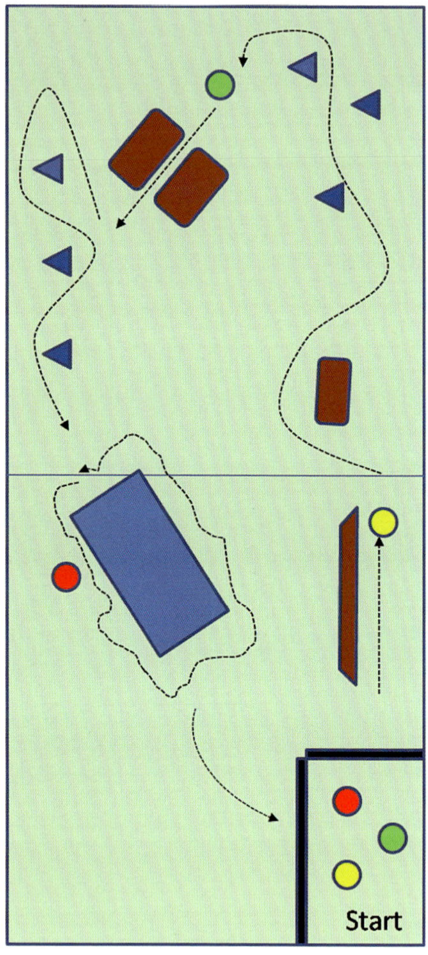

In diesem Rundlauf sind verschiedene Hindernisse zum Umlaufen in der Halle aufgebaut.
Immer zwei Schüler stellen ein Parcours-Team. Jeweils ein Spieler läuft. Die Ballübergabe erfolgt im Start- und Zielraum.
Gezählt werden die Runden, die von dem Team während einer bestimmten Zeit absolviert werden können.

Mögliche Variante

- Ein Teil der Gruppe durchläuft den Parcours in umgekehrter Richtung. Jedes Team läuft 4 Runden. Gewonnen hat, wer am schnellsten alle Runden absolviert hat.

Parcours 3 – Ballführung, Passen, Schießen für Fortgeschrittene

Schwierigkeit 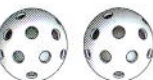

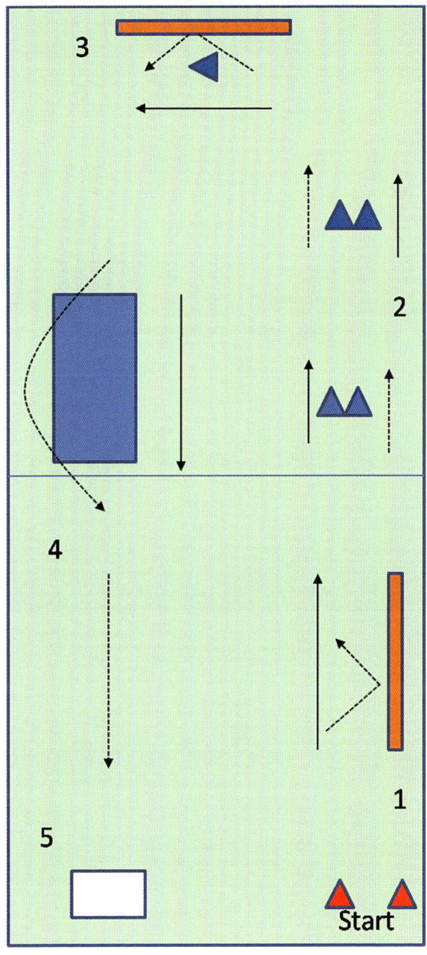

1 Pass gegen die Bank – Schulung von Ballabgabe, Ballannahme und Differenzierung
2 Der Ball wird auf der einer Seite der Kegel vorbei gespielt, gleichzeitig geht der Spieler auf der anderen Seite entlang
3 Pass gegen die Bande – als Erschwernis kann ein Hindernis vor die Bank gestellt werden
4 Lupfen des Balles über die Matte, wobei der Spieler an der Matte vorbeiläuft
5 Torschuss nach Ballannahme in einer beliebigen Schusstechnik

Parcours 4 – Ballführung, Schießen, Lupfen für Fortgeschrittene

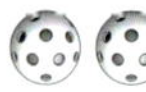

Schwierigkeit

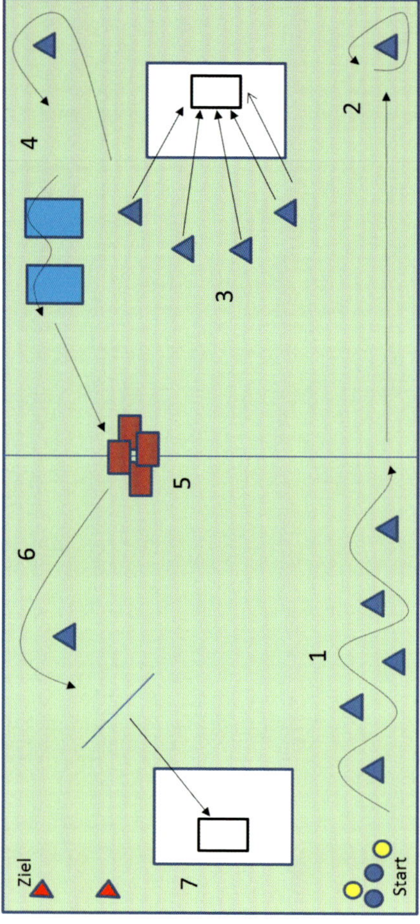

1 Dribbling um Kegel in unregelmäßigen Abständen mit Abschirmen des Balls
2 360°-Vorhanddrehung um einen Kegel
3 Schlenzschüsse oder Schlagschüsse von vier Markierungen auf das Tor
4 Lupfen des Balles über zwei Turnmatten mit sofortiger Ballkontrolle
5 Ball durch die Beine einer Hockergruppe spielen – Spieler läuft dem Ball über die Hocker nach
6 Umlaufen des Kegels mit anschließendem
7 Schuss auf das Tor aus der Bewegung heraus

Parcours 5 – Ballführung, Schießen, Lupfen, Passen für Experten

Schwierigkeit 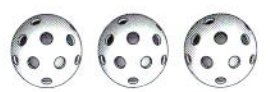

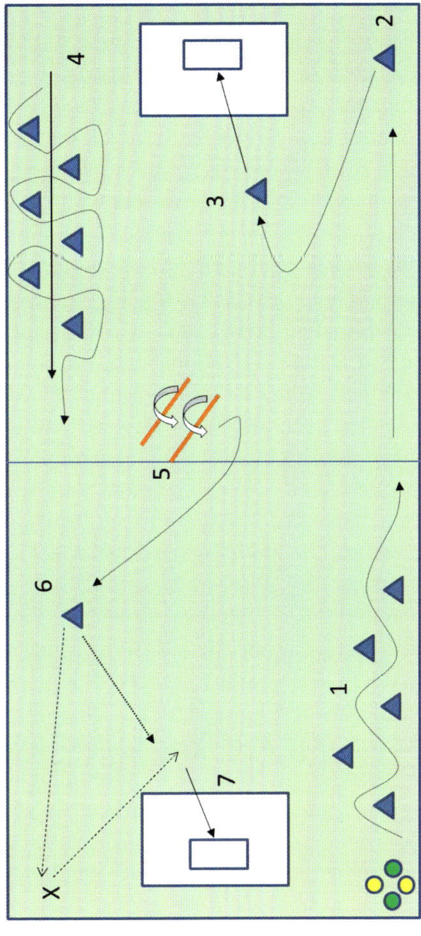

1 Dribbling durch Kegel mit unregelmäßigen Abständen und Abschirmen des Balls
2 Dribbling in die Ecke und Abstoppen mit einem Richtungswechsel (Finte)
3 Bogenlauf um den Kegel mit Schlenzschuss
4 Slalom um Markierungen nur mit Schläger – der Körper durchläuft die Markierungen möglichst gerade
5 Ball über die Stangen lupfen und anschließend wieder kontrollieren
6 Pass auf einen Spieler in der Ecke → anschließend sofort wieder anbieten und in Richtung Tor laufen
7 Direktschuss auf das Tor als Abschluss

5 Ballannahme und Ballabgabe/Passspiel

Neben dem vielfältigen, schnellen Bewegen mit dem Ball im Raum ist die zweite grundlegende Technik das Passspiel. Wichtig ist es hierbei, zunächst die Passgenauigkeit, später auch die Passgeschwindigkeit zu schulen. Das Erlernen verschiedener Arten der Passgestaltung soll den Spielern das variantenreiche Passen in unterschiedlichen Spielsituationen ermöglichen. Bei der Vermittlung des Passspiels beginnt man ebenfalls mit leichteren Übungen und steigert sich zu komplexen Übungen, welche Spielsituationen simulieren. Auch hier beginnt man mit Übungen, die das Passen aus dem Stand und ohne Gegnereinwirkung schulen. Beim Passen am Ort lässt sich anfangs sehr gut die Ballannahme und Ballabgabe ausbilden. Anschließend führt man das Passen in leichter Bewegung ein, um der Spielsituation immer näher zu kommen. Das Passen aus dem erst langsamen, dann schnelleren Lauf erfordert vom Spieler ein hohes Maß an Konzentrations- sowie Koordinationsfähigkeit. Der Spieler muss die Ballgeschwindigkeit bei der Ballannahme erkennen sowie den Kraftimpuls bei der Ballabgabe genau mit der Laufgeschwindigkeit seines Mitspielers sowie seiner eigenen Geschwindigkeit abstimmen. Die schwierigste Stufe beim Erlernen des Passspiels sind Übungen mit Gegnereinwirkung, die darauf abzielen, die Pässe zwischen den Mitspielern zu stören. Gefordert sind Antizipation, Timing und Kommunikation zwischen den Spielern. Das heißt, der Spieler muss seine eigene Position, die Mitspieler sowie Gegner einschätzen, seine Bewegung und das Spielen des Passes darauf abstimmen und durch Blickkontakt, Sprache oder Anzeigen mit seinen Mitspielern kommunizieren, um ein erfolgreiches Passspiel zu gestalten. Darüber hinaus ist es wichtig, dass der Spieler nach der Ballabgabe immer wieder in eine Position läuft, in der er jederzeit anspielbar ist. Um die Variationsmöglichkeiten der Spieler zu erhöhen, sollte so viel wie möglich Abwechslung in die Übungen gebracht werden, wie beispielsweise durch das Variieren der Passdistanzen oder das Spielen von flachen und hohen Bällen.

Im Rahmen des Erlernens und Festigens des Passspiels spielen Präzision und Schnelligkeit der Zuspiele eine zentrale Rolle.

Neben dem Erlernen der Technik des Passspiels sollten hier auch das Zusammenspiel der Spieler sowie die Spielübersicht entwickelt werden.

5.1 Allgemeines zur Ballannahme und Ballabgabe/Passspiel

Bei der Ballannahme ist ebenso wie bei der Ballabgabe darauf zu achten, dass die Ausbildung sowohl für die Vorhand- als auch für die Rückhandseite erfolgt. Dies ist notwendig, um die Flexibilität im Spiel zu erhöhen und variantenreich agieren und reagieren zu können.
Bei der Ballannahme sind sowohl bei der Vorhand- als auch bei der Rückhandseite folgende Technikmerkmale zu beachten:

Ballannahme und -abgabe erfolgt in der Ausbildung auf der Vor- und Rückhandseite.

- Das Passspiel erfolgt in einer offenen und leicht gebeugten Beinstellung mit geradem Rücken.
- Aus einer sicheren Grundstellung wird der Ball möglichst früh „abgeholt“ (wie ein Uhrpendel).
- Dabei wird der Ball begleitend und bis hinter die Körperachse abgebremst.

Passvarianten:

- Vorhandpass
- Rückhandpass
- Rückhandpass auf der Vorhand annehmen und auf die Rückhand legen zum erneuten Passspiel
- Hohe Pässe, Anlupfen des Balles und ihn dann mit Hilfe des Körpers und des Schlägers unter Kontrolle bringen
- Ball mit dem Fuß stoppen und dann zurück spielen mit Vorhand oder Rückhand
- Ballannahme, Zwischendribbling – Vorhand-Rückhand, Passspiel zurück
- Ballannahme, Körperdrehung mit Ball auf der Vorhand, Passspiel zurück
- Ballannahme, Körperdrehung mit Ball auf der Rückhand, Passspiel zurück

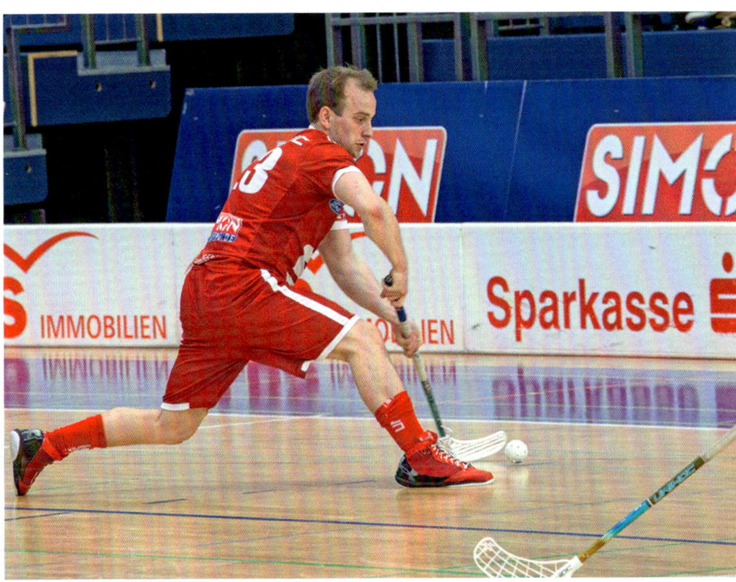

5.2 *Erlernen des Passspiels – Uhrpendel*

Schwierigkeit

Übungsform
Uhrpendel

ohne eigene Bewegung und ohne Einwirkung des Gegners

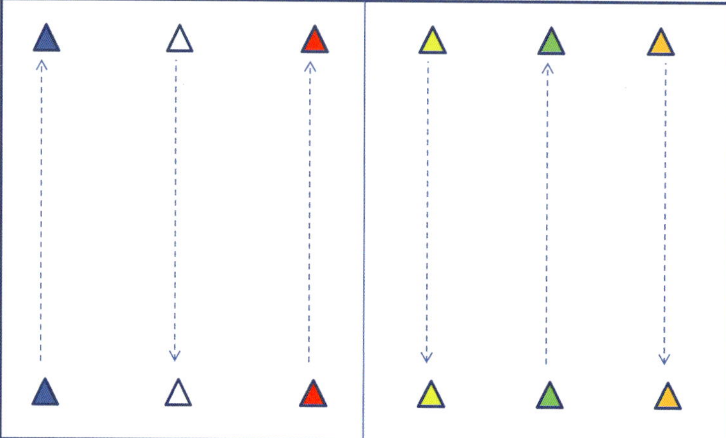

Abb. 18: Uhrpendel – Übungsform zum Erlernen des Passspiels ohne eigene Bewegung und Gegnereinwirkung

Diese Übung dient vorrangig als Passübung und kann bei jedem Könnensstand der Spieler wiederholt werden. Die Schüler stellen sich paarweise gegenüber in einer Gasse auf. Dabei ist darauf zu achten, welche Schlägerauslage die Schüler spielen. Der Ball wird zwischen den sich gegenüberstehenden Spielern hin und her gependelt. Der Schläger bewegt sich dabei wie ein Uhrpendel. Hier ist speziell auf die Ballannahme und -abgabe zu achten. Der Abstand zwischen den Spielern kann je nach Leistungsvermögen variiert werden.

Auch die Art der Passgestaltung kann durch verschiedene Annahme- und Abgabetechniken variabel gestaltet werden.

Varianten

- Ball stoppen – aus der Ruhe zurück spielen,
- Ball durch Rückführen der Kelle annehmen – zurück spielen,
- den Ball nicht annehmen – direkt zurück spielen.

5.3 Erlernen des Passspiels – Sternspiel

Schwierigkeit

Übungsform ***Sternspiel***

ohne Einwirkung des Gegners

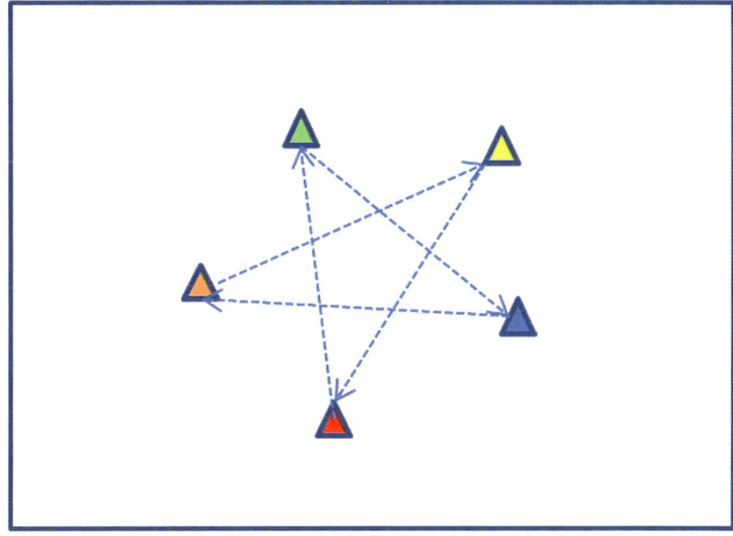

Abb. 19: Sternspiel – Übungsform zum Erlernen und Festigen des Passspiels ohne Gegnereinwirkung

Eine Gruppe von fünf Spielern steht sternförmig positioniert im Raum und spielt sich den Ball mit zügigen, genauen und differenzierten Pässen zu.

Varianten

- Die Anzahl der Spieler im Stern kann variiert werden.
- Es kann eine Zeitbegrenzung vorgegeben werden, in der die Pässe gezählt werden sollen.
- Die Spieler rufen den Namen des Spielers, zu dem sie spielen wollen.
- Bei fortgeschrittenem Leistungsniveau kann ein zweiter oder dritter Ball ins Spiel gebracht werden.
- Die Spieler laufen dem Ball nach und wechseln so ihre jeweiligen Positionen.
- In der Variation Wettwanderball spielen zwei Mannschaften mit mindestens 5–6 Schülern gleichzeitig gegeneinander. Die Mannschaft steht in einem Kreis und der Ball wird immer dem Übernächsten zugespielt. Welche Mannschaft passt sich den Ball (z. B. 3 Runden) am schnellsten zu?

5.4 Erlernen des Passspiels – Passen im Stand

Schwierigkeit

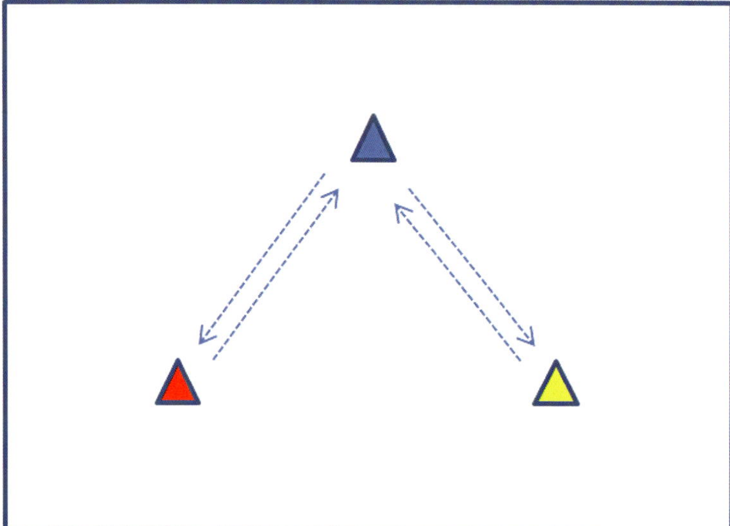

Abb. 20: Übungsform zum Erlernen und Festigen des Passspiels ohne Gegnereinwirkung und Eigenbewegung

Übungsform ***Passen im Stand***

ohne eigene Bewegung

Drei Spieler stellen sich im Dreieck auf und passen sich den Ball zu. Der Ball kann bei niedrigem Leistungsniveau erst angenommen und dann zum Mitspieler weitergespielt werden. Sind die Spieler bereits sicherer mit dem Spielgerät, können die Pässe auch direkt gespielt werden. Der Ball sollte immer auf die Vorhand des Gegenübers gespielt werden, um die Passgenauigkeit zu gewährleisten.

Varianten

- Bei fortgeschrittenem Leistungsniveau können die Passarten gewechselt werden, z. B. Rückhandpässe, direkte Pässe, Lupfer.
- Um die Schwierigkeit zu steigern, können sich die Spieler zusätzlich durch den Raum bewegen.

5.5 Festigen des Passspiels – Passen in leichter Bewegung

Schwierigkeit  

Übungsform
Passen in leichter Bewegung

ohne Einwirkung des Gegners

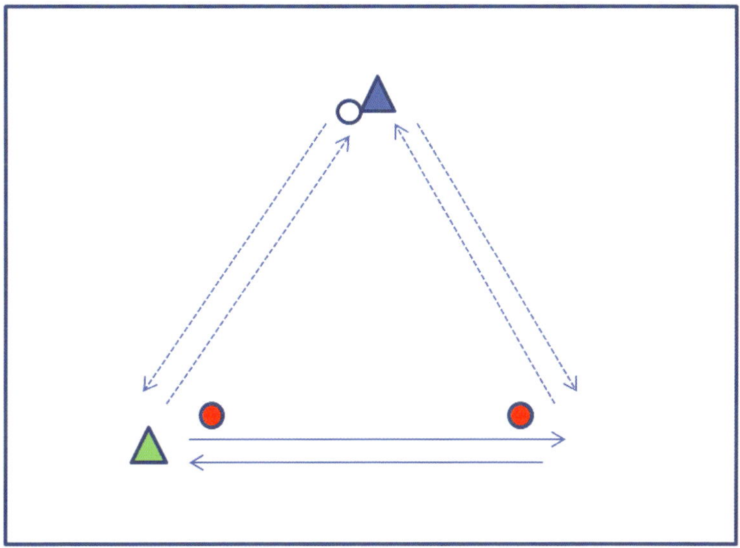

Abb. 21: Übungsform zum Erlernen und Festigen des Passspiels in der Bewegung

Der Ball soll von dem zentral vor den Malstäben stehenden Spieler zu dem Mitspieler gepasst werden. Dieser läuft abwechselnd zur linken bzw. rechten Markierung, um den Ball zurückzuspielen. Der Spieler hinter den Malstäben spielt den Ball auf der einen Seite mit der Vorhand, auf der anderen mit der Rückhand. Die Partner wechseln nach einer bestimmten Zeit, z. B. Wechsel nach ca. 30 Sekunden.

Varianten

- Der Partnerwechsel wird nach einer bestimmten Anzahl von Zuspielen oder auf ein Kommando vorgenommen.
- Der Abstand der Malstäbe wird so verändert, dass die Partner eine differenzierte Schlagstärke einsetzen müssen.

5.6 Festigen des Passspiels – Passen in verstärkter Bewegung

Schwierigkeit

Übungsform
Passen in verstärkter Bewegung

ohne Einwirkung des Gegners

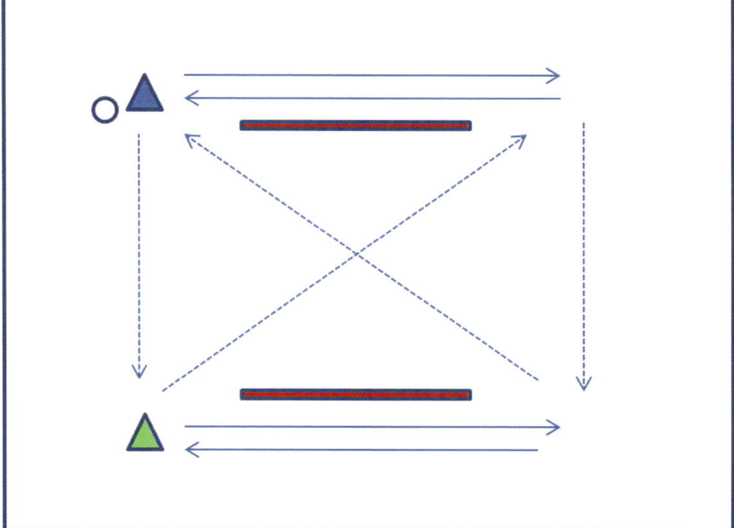

Abb. 22: Übungsform zum Erlernen und Festigen des Passspiels in der Bewegung beider Spieler

Zwei Spieler spielen sich den Ball direkt zu. Ein Spieler passt den Ball immer diagonal, der andere spielt vertikal zu den Langbänken (Pässe kennzeichnen die gestrichelten Linien). Nachdem der Ball gespielt wurde, läuft der Spieler parallel an der Bank entlang auf die andere Seite, um den zugespielten Pass weiterleiten zu können (Laufwege kennzeichnen die durchgezogenen Linien). Der Ball kann je nach Leistungsniveau mit der Vorhand und/oder der Rückhand gespielt werden.

Varianten

- Der Ball kann je nach Leistungsniveau mit der Vorhand und/oder der Rückhand gespielt werden.
- Die Pässe können direkt, mit vorheriger Ballannahme oder auch Abstoppen des Balls gespielt werden.

5.7 Festigen des Passspiels – Passstafette

Schwierigkeit

Übungsform
Passstafette

ohne Einwirkung des Gegners

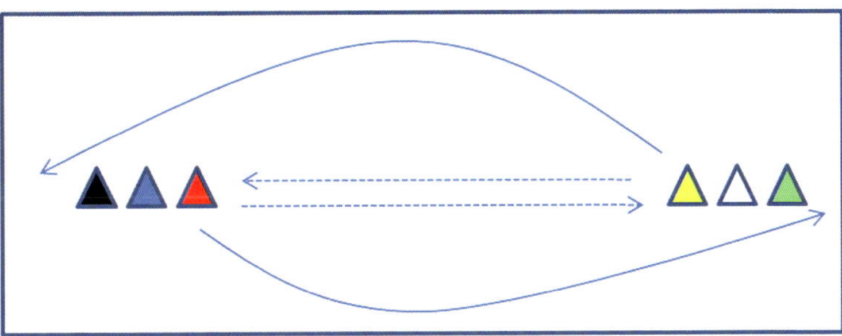

Abb. 23: Passstafette – Übungsform zum Festigen des Passspiels ohne Gegnereinwirkung

Beliebig viele Spieler stehen sich in einem größeren Abstand (ca. 10 m) gegenüber. Der Ball wird schnell und genau auf die Vorhand des Gegenübers gespielt. Nach dem Pass läuft der Spieler auf die andere Seite und stellt sich hinten an die Gruppe an. Anfänger sollten den Ball erst annehmen, bevor sie ihn zurück spielen. Bei fortgeschrittenen Spielern sollte dem Pass bereits etwas entgegengelaufen werden, um ihn direkt zurückzuspielen.

Varianten

- Anfänger laufen ans Ende der eigenen Stafette.
- Die Pässe können auch mit der Rückhand oder auch als hoher Pass gespielt werden.
- Die Spieler jeder Stafette bewegen sich seitlich über das Spielfeld.
- Die Art des Passes wird auf Zuruf entschieden.
- Je nach Könnensstand sollte dem Pass bereits etwas entgegengelaufen werden, um ihn direkt zurückzuspielen oder der Ball zunächst angenommen und dann weitergespielt werden.

5.8 Festigen des Passspiels – Farbenpassen

Schwierigkeit

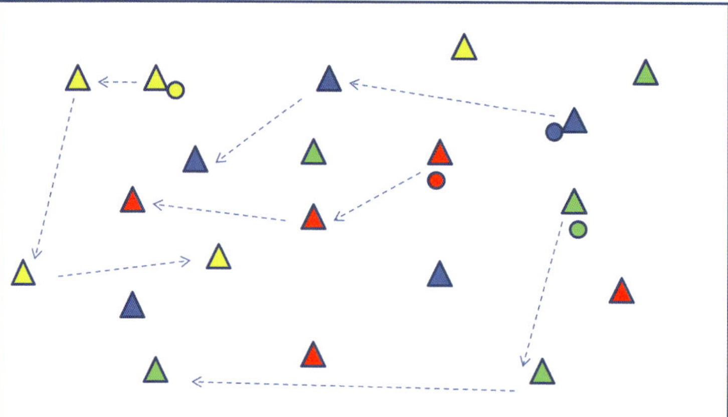

Übungsform
Farbenpassen

mit geringer Einwirkung des Gegners

Abb. 24: Farben-Passen – Übungsform zum Festigen des Passspiels mit geringer Gegnereinwirkung

Die Spieler werden in drei bis vier Teams eingeteilt, welche farblich unterschiedlich markiert werden. Jedes Team hat einen Ball, möglichst in der entsprechenden Farbe. Die Spieler laufen alle durcheinander und versuchen, sich innerhalb der eigenen Farbe den eigenen Ball schnell zuzuspielen. Die Spieler müssen genaue Pässe spielen, sich auf dem Feld orientieren und somit den Blick vom Ball lösen. Das periphere Sehen wird geschult und dadurch die Spielfähigkeit in spielnahen Situationen verbessert.

Varianten

- Je nach Leistungsniveau kann der Ball erst angenommen werden oder auch direkt gespielt werden.
- Mit der Anzahl der Teams steigt auch der Schwierigkeitsgrad, so dass die Anzahl beginnend mit 2 Mannschaften nur langsam gesteigert werden sollte.

5.9 Festigen des Passspiels – Hindernis-Passen

Schwierigkeit

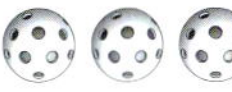

Übungsform
Hindernis-Passen

mit erhöhter Anforderung an Präzision

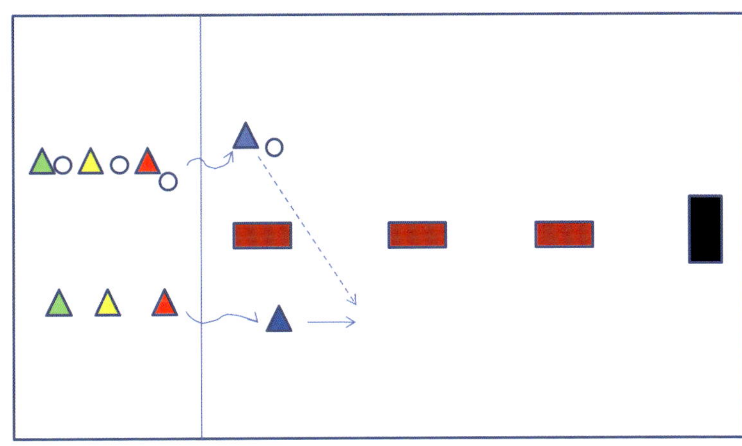

Abb. 25: Hindernis-Passen – Übungsform zum Festigen des Passspiels mit erhöhter Anforderung an die Präzision

Zwei Gruppen stehen an der Grundlinie des Spielfeldes, in einer Gruppe hat jeder Spieler einen Ball. In der Mitte des Feldes sind Kegel, Kästen, Bänke oder Hocker als Hindernisse aufgebaut. Die Spieler passen sich den Ball um/durch die Hindernisse zu und bewegen sich dabei in Richtung Tor. Der Ball sollte immer in den Lauf des Mitspielers gespielt werden, damit dieser seine Vorwärtsbewegung beibehalten kann. Die Passstraße wird mit dem Torschuss eines Spielers beendet. Die Spieler stellen sich in der jeweils anderen Gruppe, als der sie begonnen haben, hinten an.

Varianten

- Die Pässe können mit der Vorhand sowie der Rückhand gespielt werden.
- Die Pässe werden erst angenommen oder direkt weitergespielt.
- Um die Motivation zu steigern und die Zielgenauigkeit der Schützen zu verbessern, kann diese Übung auch mit Torhüter durchgeführt werden.

5.10 Festigen des Passspiels – Passgarten

Schwierigkeit

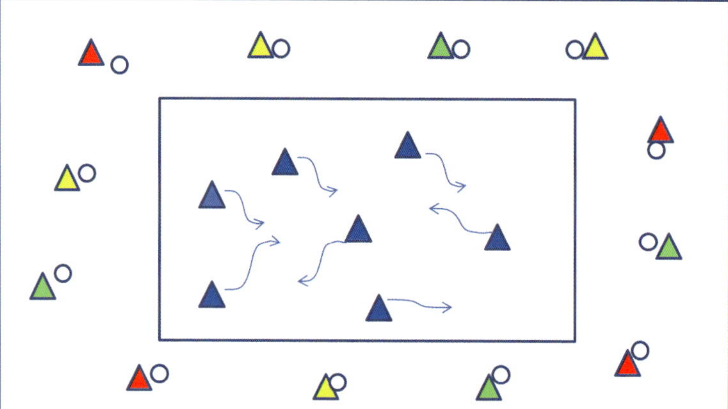

Abb. 26: Passgarten – Übungsform zum Festigen des Passspiels ohne Gegnereinwirkung

Übungsform ***Passgarten***

ohne Einwirkung des Gegners

Um cin Vollcyballfeld stehen einige Spieler fest positioniert. Sie passen den Spielern im Innenfeld ihren Ball zu und erhalten diesen sofort zurück. Die Spieler im Inneren sind dabei ständig in Bewegung und laufen durcheinander.

Varianten

- Die Spieler im Innenfeld führen die Bälle ein Stück bevor sie diese nach außen spielen.
- Der Innenspieler übernimmt nach dem Pass nach außen sofort die Position des Zuspielers.
- Die Spieler im Innenfeld müssen ihre Mitspieler bei der Ballführung, Ballannahme oder Ballabgabe stören.
- Die Spieler im Außenkreis bewegen sich auch in eine Richtung.

5.11 Festigen des Passspiels – Würfelpassen mit Torschuss

Schwierigkeit

Übungsform ***Würfelpassen***

mit Schuss auf das Tor ohne Einwirkung des Gegners

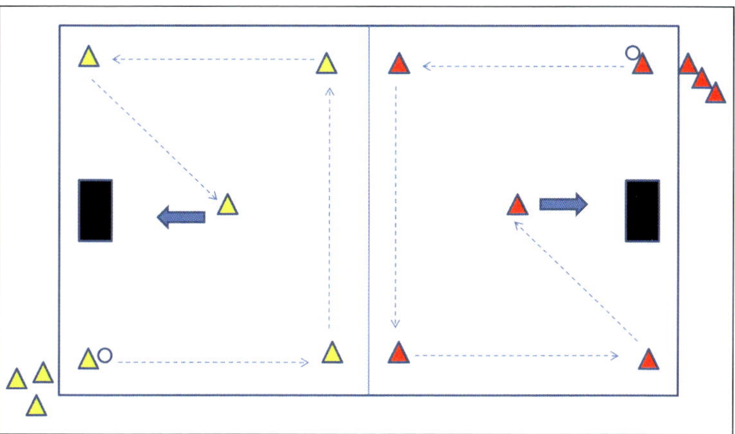

Abb. 27: Würfelpassen – Übungsform zum Festigen des Passspiels und Erlernen des Torschusses

Diese Übung kann auf beiden Spielfeldhälften durchgeführt werden. Die Spieler stehen wie eine Würfelfünf verteilt auf dem Feld. Vier Spieler besetzen die Eckpunkte, der Fünfte positioniert sich in der Mitte vor dem Tor. Der Spieler neben dem Tor beginnt den Ball zum Mitspieler an der Mittellinie zu passen. Dieser leitet den Ball zum nächsten Spieler und dieser wiederum zum vierten Spieler in der Ecke weiter. Der Vierte spielt einen Pass auf die Vorhand des Spielers in der Mitte. Der Spieler vor dem Tor schließt die Übung mit einem direkten Torschuss ab. Die Pässe müssen genau und straff gespielt werden. Die Spieler wechseln in Passrichtung die Positionen. Der Torschütze stellt sich an die Gruppe hinten an. Diese Übung eignet sich für Klassen oder Gruppen mit fortgeschrittener Spielerfahrung.

Varianten

- Die Pässe können auch mit der Rückhand gespielt werden (gelupfte Bälle, also hohe Pässe, eignen sich hierbei nicht).
- Diese Übung kann auch mit Torhüter durchgeführt werden.
- Eine Änderung der Passrichtung schult das Schießen mit der Rückhand bzw. Rechtsausleger können Vorhandschüsse üben.

5.12 Festigen des Passspiels – „Dummer Junge"

Schwierigkeit

Übungsform *„Dummer Junge"* mit Einwirkung des Gegners

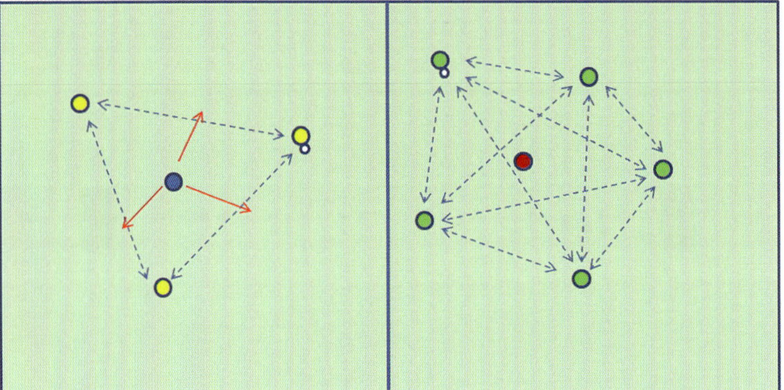

Abb. 28: „Dummer Junge" – Übungsform zum Festigen des Passspiels mit Gegnereinwirkung

Drei Spieler stehen in einem Dreieck positioniert und spielen sich den Ball gegenseitig zu. In der Mitte steht der „Dumme Junge" und muss den Passweg versperren, um den Ball abzufangen. Hat dieser den Ball erobert, wechselt er die Position mit dem Spieler, der den letzten abgefangenen Pass gespielt hat.

Varianten

- Die Spielerzahl kann erhöht werden.
- Die Pässe können auch mit der Rückhand gespielt werden.
- Die Pässe können je nach Leistungsniveau erst angenommen oder gleich direkt weitergespielt werden.
- Die Passgeschwindigkeiten können je nach Leistungsniveau erhöht werden.
- Bei einer großen Spielerzahl, können auch zwei „Dumme Jungen" eingesetzt werden.
- Die im Kreis stehenden Spieler müssen bei ihrem Passspiel langsam rotieren.

6 Schusstechnik – Übungen zum Erlernen und Festigen

Neben der Ballführung und dem Passen sind im dritten Teil der Technikausbildung verschiedene Schusstechniken zu entwickeln. Auch hier ist in den verschiedenen Lernabschnitten insbesondere auf die Vermittlung von Präzision und Aktionsschnelligkeit zu achten. Die Stärke der Gegnereinwirkung sollte, ebenso wie in den vorhergehenden Teilen, nur langsam gesteigert werden.
Ebenso wie beim Passen ist auch beim Schießen wichtig, dass der Schläger nicht über Kniehöhe ausgeholt und ausgeschwungen wird. Diese regelgerechte Spielweise für den Schulsport unterbindet eine mögliche Verletzungsgefahr.

Schusstechniken werden unterschieden in: Schlagschuss und Schlenzschuss

Im Floorball unterscheidet man drei grundlegende Formen der Schusstechnik, die im Folgenden näher erläutert und mit Übungsformen unterlegt werden.

6.1 Grundformen der Schusstechnik

6.1.1 Der Schlagschuss

Die erste grundlegende Form den Ball zu schießen, ist der Schlagschuss. Dabei wird der Ball unter dem Körperschwerpunkt auf Höhe des vorderen Fußes getroffen. Die Schussrichtung sowie die Schussgeschwindigkeit und -höhe werden dabei durch einen sehr kurzen Kontakt vom Stock auf den Ball übertragen. Vorteil des Schlagschusses sind die sehr hohen Ballgeschwindigkeiten, die erreicht werden können.

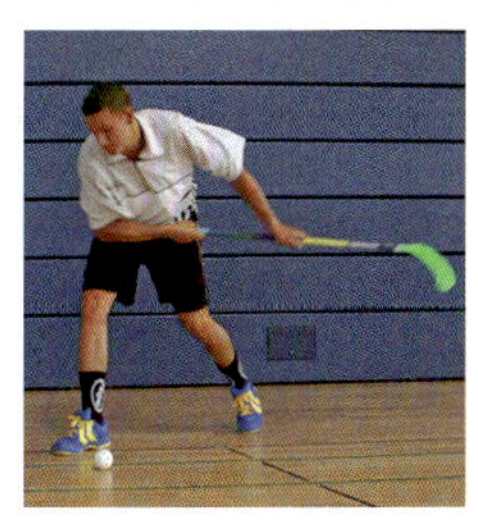

Phase 1 – hohe Aushohlbewegung

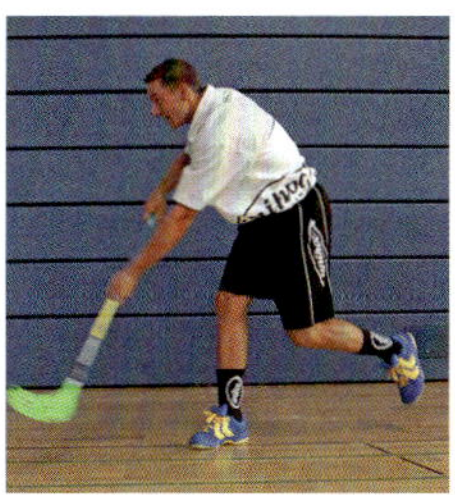

Phase 2 – Treffen des Balls

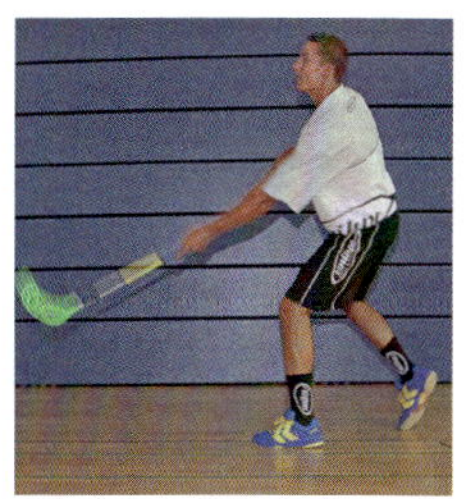

Phase 3 – hohes Ausschwingen

Abb. 29: Phasenbild vom Schlagschuss

6.1.2 Der Schiebeschlagschuss

Eine Variation des Schlagschusses ist dcr Schicbcschlag. Im Gegensatz zum Schlagschuss wird der Schläger in Phase 2 etwas länger über den Hallenboden geführt, so dass man eine höhere Ballkontrolle erreicht. Treffpunkt des Balles (ebenfalls auf Höhe des vorderen Fußes) und Ausschwingen des Schlägers sind jedoch identisch mit dem Bewegungsablauf beim Schlagschuss.

6.1.3 Der gezogene Schuss

Beim gezogenen Schuss, auch Schlenzschuss genannt, liegt der Ball bereits in der Ausholphase an der Schlägerkelle und wird durch kontinuierlichen Druck bis zum Verlassen des Schlägers, oft auch aus einer leichten bis starken Körperdrehung heraus, beschleunigt. Der Vorteil dieser Schusstechnik liegt darin, dass der Spieler den Ball wesentlich besser kontrollieren und abdecken kann als bei anderen Schusstechniken.

Ausholen und Ausschwingen des Schlägers beim Schuss darf nicht über Kniehöhe erfolgen

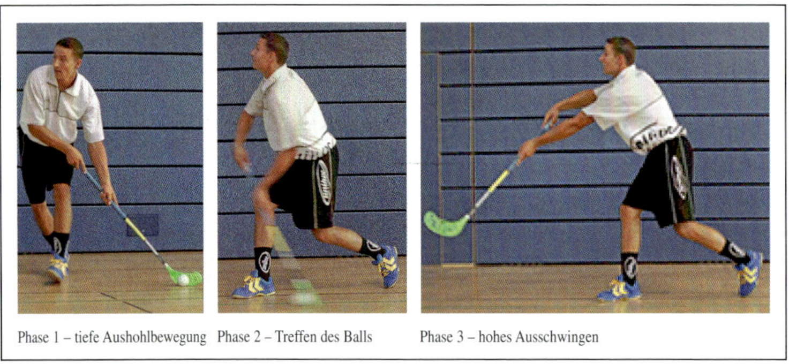

Phase 1 – tiefe Aushohlbewegung Phase 2 – Treffen des Balls Phase 3 – hohes Ausschwingen

Abb. 30: Phasenbild vom gezogenen Schuss

6.2 Erlernen der Schusstechnik – Feld frei räumen

Schwierigkeit

Übungsform
Feld frei räumen

ohne Gegnereinwirkung

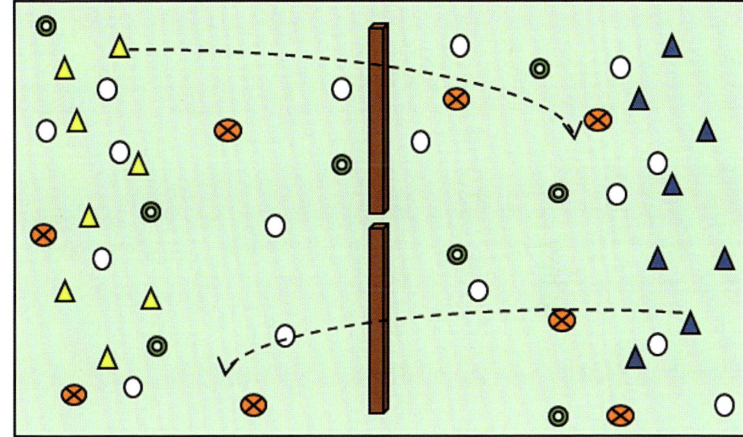

Abb. 31: Feld frei räumen – Übungsform zum Erlernen der Schusstechnik ohne Gegnereinwirkung

Zwei Mannschaften versuchen alle Bälle aus der eigenen Spielfeldzone zu entfernen. Das Feld besteht aus zwei Spielfeldhälften und kann mittels Langbänken halbiert werden. Je nach Leistungsniveau können Floorbälle gemischt mit anderen Bällen verwendet werden. Zu Beginn werden die Bälle geworfen, später mit dem Schläger gespielt.

Varianten

- Als weitere Spielvariante kann den Mannschaften eine Zeitvorgabe gestellt werden, in der das Ziel zu erreichen ist.
- Um das Freiräumen zu erschweren, können größere Hindernisse in die Spielfelder gestellt werden (z. B. Hocker, Kegel).
- Die verschiedenen Ballgrößen erhalten unterschiedliche Wertigkeiten.

6.3 Erlernen der Schusstechnik – Schusskreis

Schwierigkeit

Übungsform
Schusskreis

ohne Gegner-einwirkung

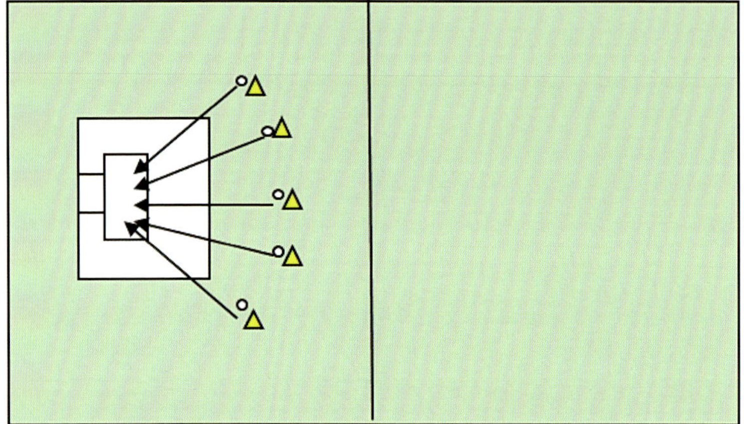

Abb. 32: Schusskreis – Übungsform zum Erlernen und Festigen der Schusstechnik mit Präzisionsdruck

Der Schusskreis ist eine Übungsform ohne Wettkampfgedanken, um die verschiedenen Techniken zu erlernen bzw. zu festigen. Die Spieler stehen in einem Halbkreis vor dem Tor. Jeder Spieler hat mehrere Bälle und schießt mit Schlenzschuss oder Schlagschuss auf das Tor. Der Bewegungsablauf wird aus dem Stand oder mit einigen Schritten Anlauf ausgeführt und kann daher gut beobachtet und korrigiert werden. Der Bewegungsablauf der geübten Technik kann durch viele Wiederholungen sehr gut gefestigt werden.

Varianten

- Die Schussbewegung kann aus einigen Schritten Anlauf ausgeführt werden.
- Die Schussposition zum Tor sollte gewechselt werden.
- Die Spieler schießen im Wechsel aus dem Anlauf bzw. aus dem Stand.
- Eine höhere Motivation erfolgt durch den Einsatz eines Torhüters oder eines Hindernisses im Tor (Hocker, Kegel).
- Die Entfernungen zum Tor können ebenfalls variiert werden.

6.4 Erlernen der Schusstechnik – Hütchenvölkerball

Schwierigkeit

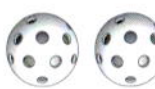

Übungsform
Hütchenvölkerball

ohne Gegner-einwirkung

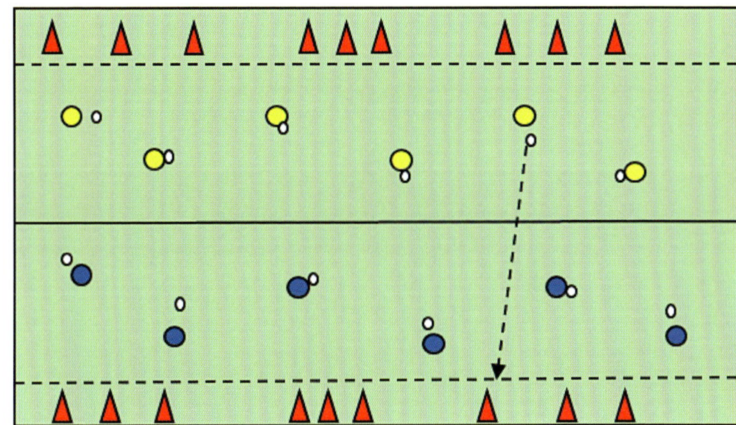

Abb. 33: Hütchenvölkerball – Übungsform zum Erlernen der Schusstechnik ohne direkte Gegnereinwirkung

Zwei Mannschaften versuchen bei diesem Spiel, die Hütchen in der Rückraumzone der Gegner zu treffen und gleichzeitig Gegentreffer zu verhindern. Das Spielfeld besteht aus zwei Spielfeldhälften. Jede Mannschaft hält sich in ihrer Spielfeldhälfte auf. Jeder Treffer zählt einen Punkt. Das Spiel schult besonders gut die Grundlagentechniken des Schießens im Zusammenspiel mit der Ausbildung des Abwehrverhaltens. Reaktionsfähigkeit, Zielgenauigkeit sowie eine hohe Konzentration sind erforderlich.

Varianten

- Die Größe der Ziele (Hütchen) kann verändert werden und je nach dem auch die Wertigkeit des Treffers. Somit zählen beispielsweise kleinere Ziele doppelt und größere nur einfach.
- Statt Malen, wie Hütchen, Hockern usw., kann auch die gesamte Rückwand als Trefferzone gelten.
- Es können mehrere Bälle eingesetzt werden.

6.5 Erlernen der Schusstechnik – Balltreiben

Schwierigkeit

Übungsform
Balltreiben

ohne Gegner-einwirkung

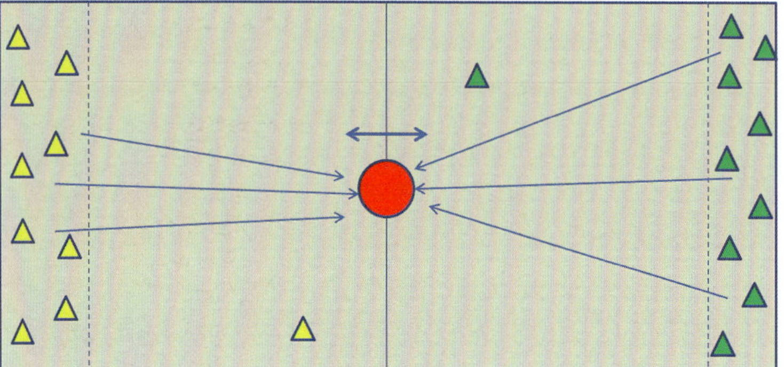

Abb. 34: Balltreiben – Übungsform zum Erlernen der Schusstechnik mit Präzisionsdruck

Nach dem Prinzip dieses „Kleinen Spieles" sollen die Schüler in diesem Teil spielerisch ihre Schusstechnik verbessern. Sowohl die Schusshärte als auch die Schussgenauigkeit soll hierbei geschult werden. Ziel in diesem Spiel ist es, einen leichten Ball (Gymnastikball, Schaumgummiball) mit Floorbällen zu treffen und ihn dadurch über die Grundlinie der gegnerischen Mannschaft zu treiben. In jedem Feld darf darüber hinaus ein Schüler als Ballholer eingesetzt werden, der die verschossenen Bälle wieder zurück zu seinen Mitspielern, die alle hinter ihrer Grundlinie stehen müssen, gibt. Bei dieser sehr anspruchsvollen Übung kommt es nahezu in jedem Könnensbereich darauf an, den richtigen Kompromiss zwischen Schusshärte und Schussgenauigkeit zu finden, um das gestellte Ziel bestmöglich zu erfüllen.

Varianten

- Es können auch mehrere Zielbälle in unterschiedlichen Größen eingesetzt werden, die wiederum verschiedene Wertigkeiten haben.
- Es kann auch eine zeitliche Begrenzung festgesetzt werden. Sieger ist die Mannschaft, die den Ball am weitesten in das gegnerische Feld getrieben hat.

6.6 Festigen der Schusstechnik – Keulenschießen

Schwierigkeit

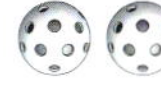

Übungsform
Keulenschießen

ohne Gegner-einwirkung

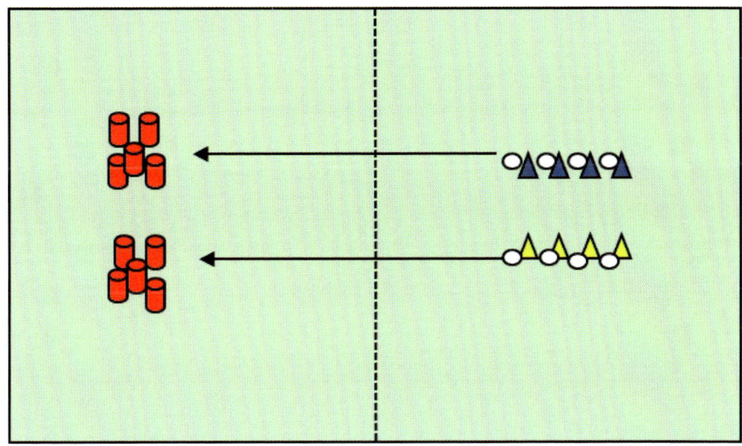

Abb. 35: Keulenschießen – Übungsform zum Erlernen der Schusstechnik mit Präzisionsdruck

Ähnlich wie beim „Ball treiben", kommt es hier darauf an, den Ball möglichst genau zu schlagen oder zu schlenzen, um die Keulen mit dem kleinen Floorball zu treffen und somit Punkte zu erzielen, bevor es der Gegner tut. Somit spielt auch der Zeitfaktor bei diesem Spiel eine wesentliche Rolle. Die Schüler müssen einerseits unter Zeitdruck die Aufgabe bewältigen, andererseits jedoch Qualität und Präzision bei der Ausführung Beachtung schenken, um das Ziel zu erreichen. Die Übung ist eher für Spieler im fortgeschrittenen Lernstadium geeignet, da Erfolg nur bei entsprechender Präzision und Schusshärte möglich ist.

Varianten

- Je nach Lernstadium können, um die Trefferwahrscheinlichkeit zu erhöhen, unterschiedlich große Bälle verwendet werden.
- Der Abstand zu den Keulen und die Größe der Keulen kann dem Leistungsniveau der Schüler individuell angepasst werden.

6.7 Festigen der Schusstechnik – Budenschießen

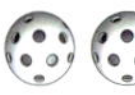

Schwierigkeit

Übungsform ***Budenschießen***

ohne Gegnereinwirkung

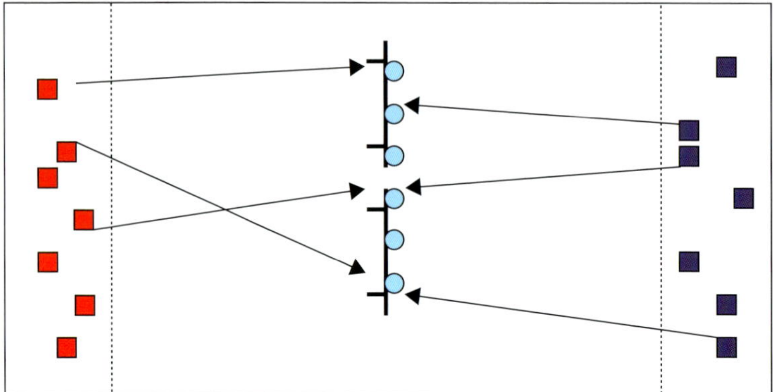

Abb. 36: Budenschießen – Übungsform zum Erlernen der Schusstechnik mit Präzisionsdruck

Der Spielgedanke dieser Übung besteht darin, die auf einer Langbank in der Mitte des Spielfeldes positionierten großen Bälle (Volleybälle, Basketbälle etc.) oder Kegel durch genaue Schüsse zu treffen und von der Bank zu schießen. Sieger ist die Mannschaft, die weniger große Bälle und Hütchen in ihrer Spielfeldhälfte liegen hat. Die Schwierigkeit dieser Übung liegt darin, dass die Schüsse leicht an Höhe gewinnen müssen, da die Ziele auf der Bank getroffen werden müssen. Es eignet sich daher die Anwendung des Vorhandschlenzschusses. Durch den ständigen Wettkampfgedanken während der Übungszeit wird ein hohes Maß an Bewegungsintensität und Motivation gewährleistet.

Varianten

- Man setzt den Spielern eine Zeitbegrenzung (z. B. 2 min).
- Es können auch mehrere Ziele in unterschiedlichen Größen eingesetzt werden, die wiederum verschiedene Wertigkeiten haben.

6.8 *Festigen der Schusstechnik – Direktschuss*

Schwierigkeit

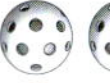

Übungsform
Direktschuss

Komplexübung ohne Gegnereinwirkung

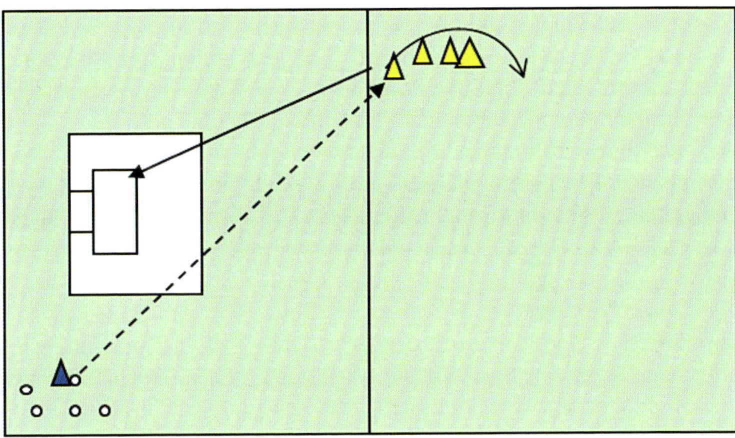

Abb. 37: Direktschuss – Komplexübung zum Festigen der Schusstechnik in Kombination mit Passen

Mit der Direktschussübung wird die Schusstechnik in einer komplexen Übung mit Passspiel und Schießen angewendet. Hier steht die Übungsgruppe in Höhe der Mittellinie (Kleinfeld). Neben dem Tor positioniert sich ein fester Passgeber mit den Bällen und gibt dem Spieler einen Pass auf die Vorhand des Schlägers. Der Spieler läuft dem Pass entgegen und schießt direkt auf das Tor. Danach stellt sich der Schütze wieder an die Übungsgruppe an. Varianten lassen sich mit Positionsveränderungen der Gruppe oder des Zuspielers einbringen. Das Schießen aus dem Lauf und nach einem Zuspiel schult die Schusstechniken in spielnahen Situationen.

Varianten

- Mit Positionsveränderungen der Gruppe z. B. auf die andere Seite des Tores wird man den Rechtsauslegern gerecht bzw. die Spieler könnten im fortgeschrittenen Bereich auch Rückhandschüsse probieren.
- Der Zuspieler kann am Anfang durchaus der Lehrer oder Übungsleiter sein. Später sollte diese Aufgabe von Schülern übernommen werden.

7 Spielfähigkeit und Taktik

Spielintelligenz:

Wahrnehmen

Entscheiden

Antizipieren

Spielfähigkeit oder auch Spielintelligenz gilt, wie in allen Spielsportarten, als ein komplexer Begriff. Es ist damit die individuelle Handlungsfähigkeit der Spieler gemeint. Auch im Floorball spielen nicht nur koordinative Fähigkeiten eine Rolle, sondern auch konditionelle und kognitive Fähigkeiten. Im Kopf des Spielers laufen während eines Spiels verschiedene kognitive Prozesse ab, wie Wahrnehmen, Entscheiden, Antizipieren und Bewerten. Vorbereitend für eine gute Ausbildung der Spielfähigkeit müssen grundlegende motorische und technische Fertigkeiten geschaffen werden, damit der Spieler in der Lage ist, geplante bzw. gelernte Handlungsmuster oder bestimmte Spieltaktiken erfolgreich umzusetzen. Im Schulsport, wie auch im Vereinstraining, gilt es die Spielfähigkeit auszubilden, um den Spielern Erfolgserlebnisse zu schaffen sowie ein hohes Maß an Bewegungsintensität zu gewährleisten. Dafür muss in der Unterrichts- bzw. Einheitenplanung ein hoher Anteil an Spielzeit zur Verfügung stehen. Auch das Spiel lässt sich sehr abwechslungsreich gestalten, durch zahlreiche Spielvarianten, welche im folgenden Abschnitt aufgeführt werden. Man beginnt mit dem Erlernen einzeltaktischer Fähigkeiten, in dem das Zweikampfverhalten spielerisch und vorerst nur mit einem Gegenspieler geschult wird. Mannschaftstaktische Fähigkeiten erfordern die Verknüpfung des gegnerischen Spiels mit dem Spiel der eigenen Mannschaft. Dazu sollten die Schüler „Spielen, spielen, spielen!“ Darüber hinaus ist darauf zu achten, dass die Schüler von Anfang an eine regelgerechte Spielweise entwickeln, um Verletzungen zu vermeiden, eine saubere Spieltechnik auszubilden und um bei den Kindern und Jugendlichen Fairness und Teamfähigkeit auszuprägen.

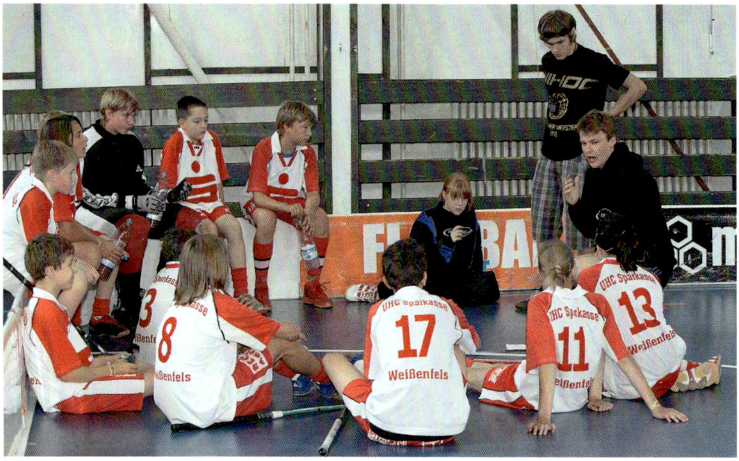

7.1 Allgemeines zur Taktikschulung

Nach Horsch und Capla (1989, S. 187) versteht man unter Taktik das Erstellen und Ausführen von Handlungsplänen und/oder Entscheidungsalternativen zur Erreichung eines Ziels oder eines optimalen Erfolges (z. B. Torerfolg, Verhinderung eines Tores, ...).
Es geht im engeren Sinne also darum zu entscheiden, mit welcher aller möglichen Aktionen sich ein Ziel bestmöglich erreichen lässt.

Taktische Handlungen im Floorball spielen sich dabei immer in drei Phasen ab, die sich beliebig wiederholen können:

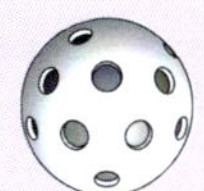

1. wahrnehmen --- antizipieren
2. verarbeiten --- planen
3. reagieren --- motorisch umsetzen

Bei der Verbesserung taktischer Fähigkeiten kann der Hebel auf allen drei Stufen angesetzt werden. Die Geschwindigkeit der Wahrnehmung bzw. die gedankliche Vorwegnahme möglicher eigener sowie gegnerischer Spielzüge ist dabei von großer Wichtigkeit für den Erfolg einer taktischen Handlung. Denn je schneller einem Spieler die Analyse einer Situation gelingt, desto einfacher ist es, die optimale Lösung zu realisieren. Bewegungen dürfen aber durch das Training nicht stereotyp werden, sondern sollen durch Variation und Kombination von Übungen situativ variabel verfügbar sein (Hotz, 1986). Erst durch diese Variabilität ist der Spieler jederzeit in der Lage, notwendige Korrekturen und Veränderungen der technisch-taktischen Handlungen zu erkennen und durchzuführen.

7.2 Floorballtaktische Grundformen

Unterscheidungen in:

Offensivtaktik

Defensivtaktik

(A) Offensiv- vs. Defensiv-Taktik
Taktische Handlungen gibt es sowohl in offensiver (die eigene Mannschaft hat den Ball) als auch in defensiver (der Gegner hat den Ball) Ausprägung. Das Beherrschen taktischer Grundlagen im offensiven und im defensiven Bereich sowie das schnelle Umschalten vom einen zum anderen bestimmen die Qualität einer Mannschaft.

(B) Einzel- vs. Mannschaftstaktik
Die Einzeltaktik orientiert sich einerseits an *internen* (den Spieler betreffenden) und andererseits an *externen* (durch Spieler nicht beeinflussbare) Voraussetzungen:

Interne Faktoren sind dabei z. B. Technik, anatomische Voraussetzungen, kognitive Lernfähigkeit, Spielübersicht, Kondition, usw.

Externe Faktoren dagegen beinhalten u. a. das Verhalten des Gegners, die Einschätzung seiner Fähigkeiten und Fertigkeiten aber auch den Ort des Spieles (zuhause/auswärts), Spielstand, Mannschaftsgröße, Spieldauer, usw.

Die Einzeltaktik kann noch weiter unterteilt werden in (1.) Einzeltaktik in der Verteidigung gegen Spieler mit/ohne Ball sowie (2.) Einzeltaktik im Angriff gegen Spieler mit/ohne Ball.

Unterscheidungen in:

Einzeltaktik

Mannschaftstaktik

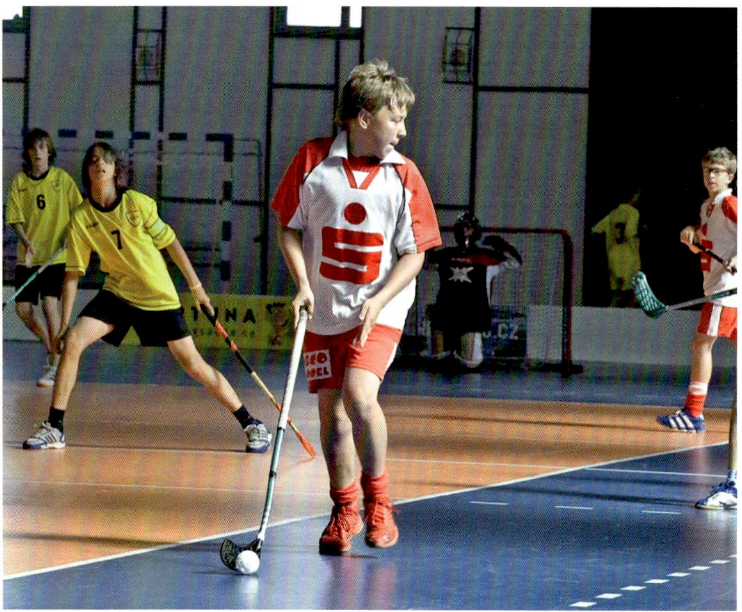

Für den Spielerfolg ist die Mannschaftstaktik der Einzeltaktik übergeordnet. Gleichzeitig sollte sich die Taktik des Einzelnen wie ein Mosaikstein in die Mannschaftstaktik einfügen. Umgekehrt orientiert sich die Mannschaftstaktik auch an den technischen und taktischen Fähigkeiten des einzelnen Spielers. Es besteht also eine gegenseitige Abhängigkeit.

Mannschaftstaktische Handlungen umfassen alle aufeinander abgestimmten Handlungen der Spieler einer Mannschaft. Sie stehen in gegenseitiger Abhängigkeit mit den individual- und gruppentaktischen Fähigkeiten und Kenntnissen der Spieler.

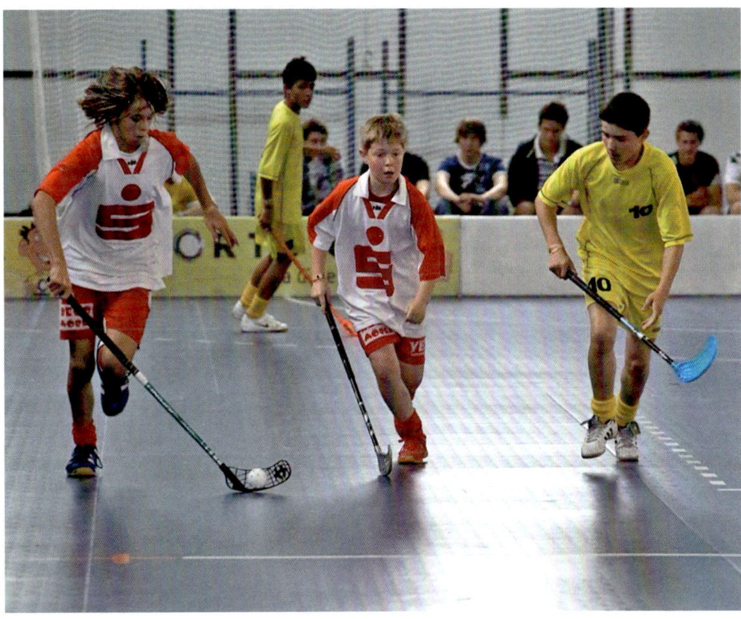

Die übergeordneten Ziele aller taktischen Handlungen sind im Angriff „Tore erzielen“ und in der Verteidigung „Tore verhindern“. Damit ein Übungsleiter für seine Mannschaft die richtige Taktik wählen kann, muss er verschiedene Faktoren in seine Überlegungen mit einbeziehen: (1) Stärken und Schwächen der eigenen Mannschaft, (2) Stärken, Schwächen und Konzept des Gegners, (3) Äußere Bedingungen (u. a. Boden, Zuschauer) und (4) Spielverlauf und aktueller Spielstand.

7.3 Erlernen und Festigen einzeltaktischer Maßnahmen – 1 gegen 1

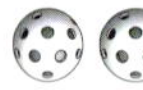

Schwierigkeit

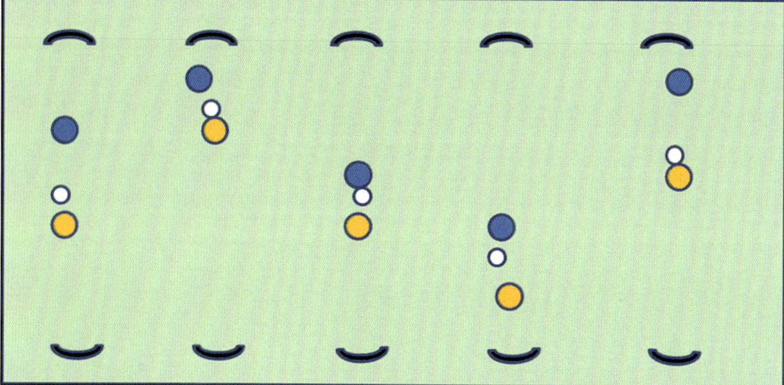

Übungsform
1 gegen 1

Einzeltaktik

Abb. 38: 1 gegen 1 – Übung zum Erlernen und Festigen individualtaktischer Abläufe bei zwei Spielern

Bei dieser Übungsform spielen die Gegner ca. eine Minute lang 1 gegen 1 auf verkleinerten Feldern. Die Tore können Kegel, Malstäbe oder Hocker sein. Durch Dribbeln, Umspielen, Umlaufen oder Schießen soll jeder Spieler soviel Tore wie möglich erzielen.

Mögliche Turnierform

Ähnlich wie bei dem bekannten Kaiserspiel, beginnen auch hier die leistungsstärksten Spieler gegeneinander am untersten Feld und die leistungsschwächsten Spieler am höchsten Spielfeld. Nach Ablauf der Spielzeit steigt der Gewinner eines jeden Feldes ein Spielfeld auf und der Verlierer muss ein Feld nach unten rücken. Die leistungsstarken Spieler müssen sich so bis ganz nach oben durchsetzen.

7.4 Erlernen und Festigen einzeltaktischer Maßnahmen – 1 gegen 1 parallel

Schwierigkeit

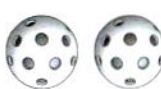

Übungsform
1 gegen 1 parallel

Einzeltaktik

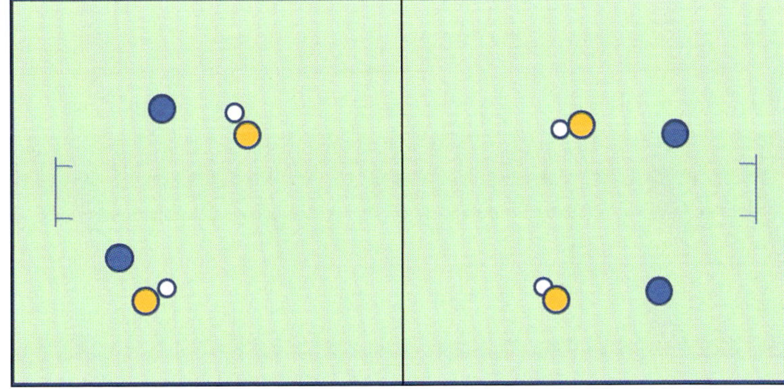

Abb. 39: 1 gegen 1 parallel – Komplexübung zum Erlernen und Festigen individualtaktischer Abläufe bei mehr als zwei Spielern

Auf jedes Tor spielen unabhängig voneinander zwei Spielerpaare gleichzeitig 1 gegen 1 einen Zweikampf mit einem Ball. Hierbei wird die Spielübersicht geschult. Denn die Gegner müssen einerseits auf ihren direkten Spielpartner sowie andererseits auf die jeweils anderen Spielerpaare achten.

Varianten

- Nach einem Torerfolg auf einer Seite, wechseln die Spielpartner.
- In Abhängigkeit von der Ballbeherrschung kann die Anzahl der Spielerpaare pro Tor variiert werden.

7.5 Erlernen und Festigen einzeltaktischer Maßnahmen – 1 und 1 wird zu 1 gegen 1

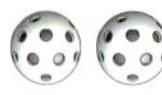

Schwierigkeit

Übungsform
1 und 1 wird zu 1 gegen 1

Einzeltaktik

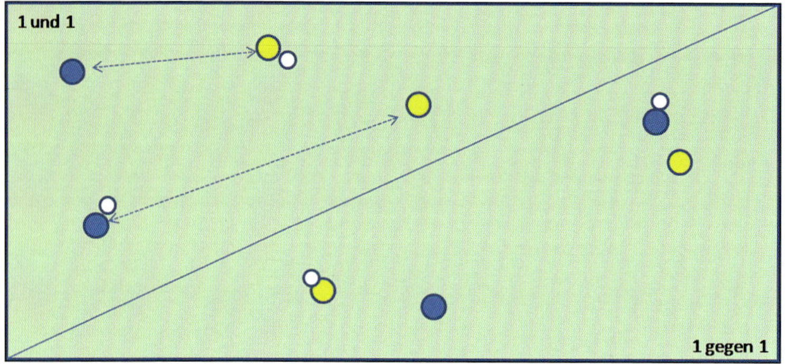

Abb. 40: 1 und 1 wird zu 1 gegen 1 – Komplexübung zum Erlernen und Festigen individualtaktischer Abläufe ohne und mit Gegnereinwirkung

In dieser Zweikampfübung beginnen die Spieler zuerst miteinander und nicht gegeneinander zu spielen. Der Ball wird in freier Bewegung in der Halle hin und her gepasst. Nach einem Kommando (Pfiff oder Ruf) muss der Ballbesitzer nunmehr den Ball verteidigen während der andere Mitspieler versucht diesen anzugreifen. Bei dieser Komplexübung werden sehr gut das situative Umschalten von Angriff auf Abwehr geschult sowie das Verteidigungsverhalten und Angriffsmöglichkeiten im direkten Spiel Mann gegen Mann.

7.6 *Erlernen und Festigen mannschaftstaktischer Maßnahmen – Vier Ecktore*

Schwierigkeit

Übungsform
Vier Ecktore

Mannschaftstaktik

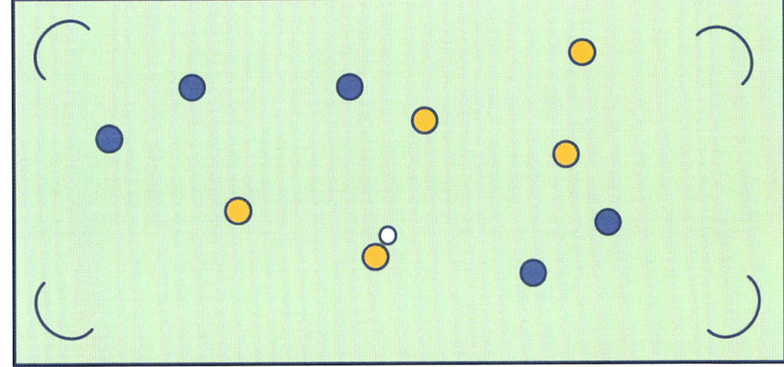

Abb. 41: Vier Ecktore – Komplexübung zum Erlernen und Festigen mannschaftstaktischer Abläufe

Zwei Mannschaften mit maximal fünf Aktiven spielen nicht nur auf ein Tor sondern auf zwei Tore, welche in den Spielfeldecken postiert werden. Diese Variante schult die Spielintelligenz der Übenden, indem ein schnelles Umschalten von Angriff auf Verteidigung gefordert wird. Das Spiel garantiert darüber hinaus viele Torerfolge und verschafft den Schülern somit schnelle Erfolgserlebnisse.

Variante

- Die Größe der Tore kann variieren und somit die Wertigkeit der Tore. Für größere Tore gibt es einen Punkt, für einen Treffer auf kleinere Tore zwei Punkte, usw.

7.7 *Erlernen und Festigen mannschaftstaktischer Maßnahmen – Mini-Torball*

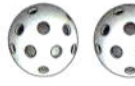

Schwierigkeit

Übungsform *Mini-Torball*

Mannschaftstaktik

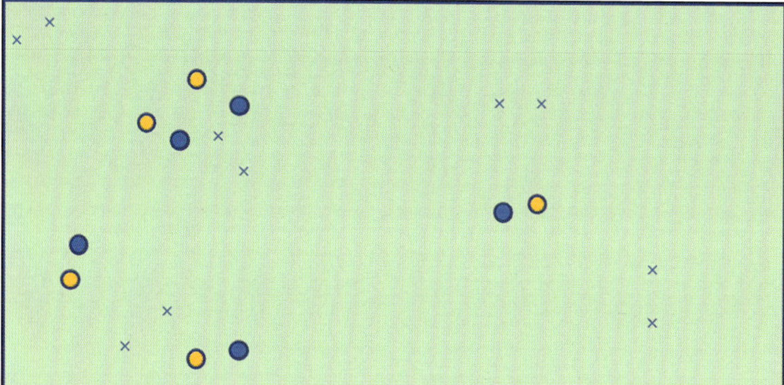

Abb. 42: Mini-Torball – Komplexübung zum Erlernen und Festigen mannschaftstaktischer Abläufe

In der ganzen Halle sind mehrere Tore aufgebaut (z. B. markiert durch Kegel). Die Spieler können Tore von beiden Seiten erzielen. Allerdings sind die Tore nur gültig, wenn der Ball zunächst zu einem Mitspieler gespielt wird. Die Übungsform schult die Spielübersicht, die Kommunikation zwischen den Mitspielern sowie das Umschalten von Angriff auf Verteidigung.

Varianten

- Der Schwierigkeitsgrad kann durch den Einsatz von mehreren Bällen erhöht werden.
- Spiel auf normalem Spielfeld mit unterschiedlich großen Toren, die zu der jeweiligen Mannschaft gehören; dazu 2 oder 4 neutrale Tore. Die Größe der Tore gibt die Wertigkeit der Tore an. Je größer das Tor desto weniger Punkte gibt es für das Team.
- Der Schwierigkeitsgrad kann durch den Einsatz von Torhütern zusätzlich erhöht werden.

7.8 Erlernen und Festigen mannschaftstaktischer Maßnahmen – Ballschlacht

Schwierigkeit

Übungsform
Ballschlacht

Mannschaftstaktik

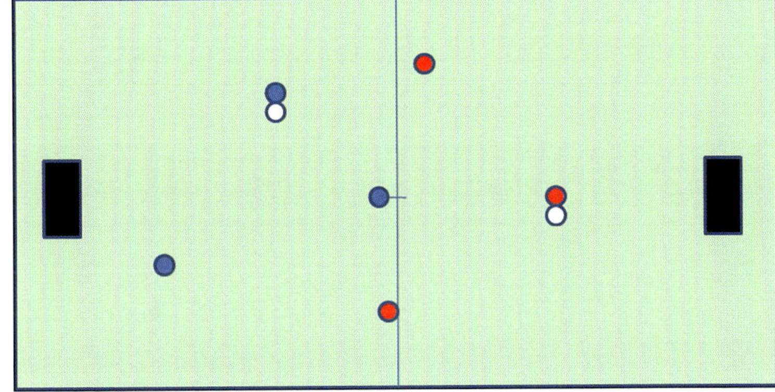

Abb. 43: Ballschlacht – Komplexübung zum Erlernen und Festigen mannschaftstaktischer Abläufe

Die Ballschlacht ist angelehnt an das klassische Floorballspiel. Es wird jedoch mit mindestens zwei Bällen durchgeführt. Zielstellung des Spiels ist es, so viele Tore wie möglich zu erzielen. Geschult werden die Spielübersicht, das periphere Sehen und das Zusammenspiel der Mannschaftsmitglieder. Das Spiel kann in verschiedenen Mannschaftsformen 3:3, 4:4 oder 5:5 gespielt werden. Um die Mannschaftstaktischen Varianten zu entwickeln, sollten vor allem Anfänger zunächst in kleineren Mannschaften zusammenspielen.

Varianten

- Als Variante lassen sich mehrere verschiedenfarbige Bälle einsetzen, womit beispielsweise unterschiedlich viele Punkte erzielt werden können. Bsp.: roter Ball – ein Punkt, weißer Ball – zwei Punkte, blauer Ball – drei Punkte.
- Um mannschaftstaktische Abläufe zu entwickeln und zu festigen, kann den einzelnen Spielern vorab eine bestimmte Position (wie Angriff und Verteidigung) zugeteilt werden.

7.9 *Erlernen und Festigen mannschaftstaktischer Maßnahmen – Street-Floorball*

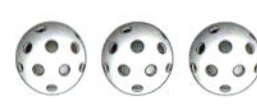

Schwierigkeit

Übungsform
Street-Floorball

Mannschaftstaktik

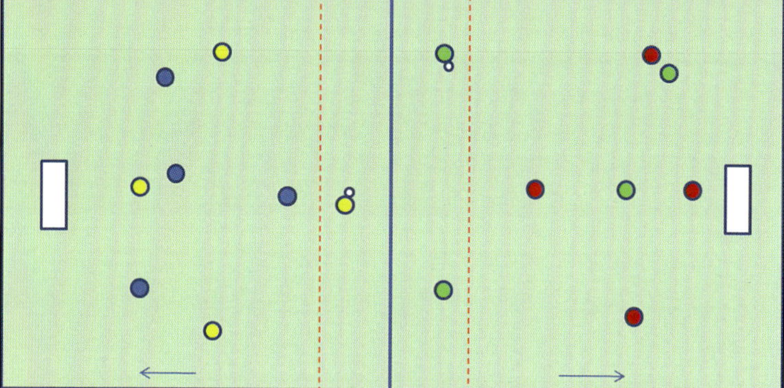

Abb. 44: Street-Floorball – Komplexübung zum Erlernen und Festigen individual- und mannschaftstaktischer Abläufe

Zwei Teams mit maximal vier Spielern spielen wie beim klassischen Streetball auf nur ein Tor. Ziel dieser Spielvariante ist es, so viele Tore wie möglich in einer vorgegebenen Zeitspanne (z. B. 10 min) zu erzielen. Wichtig ist dabei, dass nach jedem Ballverlust oder Tor der Ball durch die angreifende Mannschaft erst hinter eine Markierungslinie oder Begrenzung gespielt werden muss, bevor ein neuer Angriff gestartet werden kann. Diese Übung erfordert rasches Umschalten von Angriff auf Verteidigung und umgekehrt.

Mit dieser Übungsvariante lässt sich das System der Manndeckung sehr gut entwickeln und festigen. Vorteilhaft ist des Weiteren, dass relativ viele Spieler zur gleichen Zeit aktiv werden können, da immer mindestens zwei Felder parallel genutzt werden können.

Varianten

- Die Spieleranzahl kann vom 1 gegen 1 bis hin zum 4 gegen 4 verändert werden.
- Um die Schwierigkeit zu erhöhen, kann das Spiel mit einem neutralen Torhüter gespielt werden.

8 Bewertungskriterien für Leistungskontrollen im Schulsport

Im Gespräch mit Lehrern wird häufig sehr schnell der Wunsch nach konkreten Hinweisen zur Leistungsbewertung deutlich. Im folgenden Abschnitt versuchen wir daher, verschiedene Möglichkeiten der Leistungsbewertung für bestimmte Komponenten des Sportspiels Floorball im Schulsport darzustellen. Die vorgeschlagenen Kriterien zur Überprüfung der Spielleistungen der Schüler wurden bereits mehrfach im Unterricht (vorrangig an sächsischen Gymnasien) angewendet und sollen als Anregung für den eigenen Sportunterricht dienen. Werte und Maße sind je nach materiell/technisch/räumlichen Bedingungen sowie in Abhängigkeit vom Leistungsniveau der Schüler (u. a. Alter, Spielerfahrung) veränderbar.

Die Leistungsbewertung im Unterricht muss sich auf ausgewählte Komponenten beschränken.

Aus unserer Sicht ist es im Rahmen der Leistungsbewertung im Schulsport notwendig, eine Beschränkung auf wesentliche Spielkomponenten vorzunehmen. Die ausgewählten Bewertungs- und Kontrollverfahren umfassen daher einerseits die hier vorgestellten spieltechnischen Fertigkeiten – Ballführung, Passen und Schießen des Floorballspiels. Andererseits werden Möglichkeiten der Bewertung der Anwendung dieser Grundtechniken im Spiel, also die Ausprägung der Spielfähigkeit des Schülers, vorgestellt. Zu den Kontrollen der spieltechnischen Fertigkeiten im Floorball werden einerseits komplexe Übungsparcours verwendet. Andererseits kommen auch spezifische Tests zur Überprüfung einzelner Fertigkeiten, wie dem Schießen, zur Anwendung.

Bewertungsgrundlagen können sein:

Spezifische Tests zur Überprüfung von Fertigkeiten

Komplexe Übungsparcours

Freies Spiel

Darüber hinaus sollte aber auch die soziale Komponente in der Leistungsbewertung eines Sportspiels eine Rolle spielen. Besonders im Spiel miteinander werden mehrere soziale Kompetenzen gefordert und gefördert. Werte des Sports, wie Fairness, Hilfsbereitschaft, Kooperationsbereitschaft und Kritikfähigkeit sollten ebenso wie Technik und Spielfähigkeit in die Bewertung einfließen. Das Verhalten des Einzelnen in der Gruppe sowie das Mitgestalten des Unterrichts können als Kriterien in die Bewertung eingebunden werden. Die soziale Dimension ermöglicht es auch technisch oder taktisch schwächeren Schülern positive Bewertungen im Sportspiel zu erlangen.

8.1 Allgemeines zur Leistungsbewertung im Schulsport

Nach folgenden Beobachtungspunkten sowie Bewertungskriterien kann die Notenfindung zu den ausgebildeten spieltechnischen Fertigkeiten erfolgen:

Ballführung
- Abdeckung des Balls
- Kontakt Kelle-Ball
- Ballführung auf der Gegner abgewandten Seite
- tiefe Körperposition
- korrekte Schlägerhaltung

Passspiel (Ballabgabe und -annahme)
- Ballabgabe und -annahme im Stand und aus der Bewegung
- Ballannahme mit sofortigem Ballkontakt und Ballabdeckung
- Ballannahme und Stoppen in verschiedenen Situationen

Schusstechnik
- tiefe Körperposition
- regelgerechtes Schwingen des Stockes
- Beherrschung der Schlag- oder Schlenzschusstechnik
- Schussschärfe und Zielgenauigkeit

Dribbling
- Dribbling mit steigenden Tempoanforderungen
- Führung des Balls durch Mitziehen sowie durch Vorhand- und Rückhandspiel
- Bewegungsfluss
- Abdecken des Balls

Sonstiges
- Demonstrationsfähigkeit
- Stockhöhe
- individuelle Vorzüge und Auffälligkeiten
- Regelkenntnisse (Blanke, R. 2000, S. 20)

Beobachtungskriterien für die Leistungsbewertung der Fertigkeiten ergeben sich aus den jeweiligen Technikmerkmalen.

Neben den klassischen Merkmalen der technischen Ausführung können zusätzliche Fertigkeiten oder Kenntnisse in die Notengebung einfließen, wie z. B. Regelwissen oder gespielte Stockhöhe.

8.2 Stationentest zur Bewertung spieltechnischer Fertigkeiten

Dieser von Brändli und Gärtner (1997) für den Schulbereich bereits erprobte Test, beinhaltet Übungen zu allen Grundtechniken in Form eines Stationsbetriebes. Der Schüler wird hinsichtlich der Ballführung, der Schussgenauigkeit, der Geschicklichkeit mit Schläger und Ball sowie der Ausführungsgeschwindigkeit geprüft. Als Orientierung für die Parcoursgröße kann das Volleyballfeld verwendet werden, da dieses in den meisten Hallen aufgezeichnet ist.

An verschiedenen Bewegungs-Stationen demonstrieren die Spieler den Stand ihrer spieltechnischen Fertigkeiten.

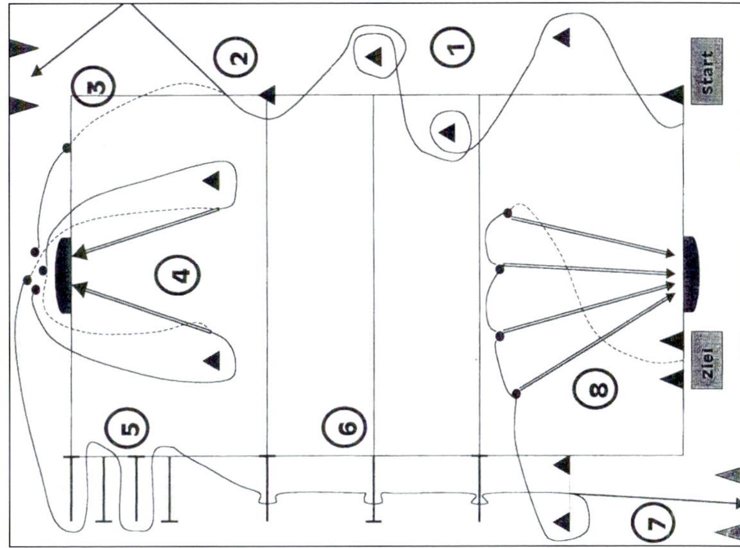

Abb. 45: Stationentest nach Brändli und Gärtner (1997) zur Überprüfung spieltechnischer Fertigkeiten

Testbeschreibung

1. Slalomdribbling (wichtig sind hierbei unregelmäßige Abstände der Slalomstangen).
2. Bandenpass – soll zwischen Markierungen gespielt werden.
3. Lauf zum Ball.
4. Karussell; je 2-mal von jeder Seite anlaufen. Zone für die Schussabgabe vorgeben.
5. Dribbling um liegende Malstäbe (nur der Ball muss zwischen den Malstäben hindurch).
6. Ball im Lauf über liegende Malstäbe heben.
7. Flacher Zielpass zwischen die Markierung (muss vor den Hütchen abgegeben werden) Anschließend um eines der beiden Hütchen laufen zum Schuss.
8. Distanzschüsse, liegende Bälle, anschließend Lauf zum Ziel.

Zur Überprüfung der Fertigkeiten wird zumindest ein zweimaliger Durchlauf des Stationentest empfohlen.

Der Parcours wird zur Überprüfung von jedem Schüler zweimal durchlaufen. Der Lehrer hatte somit die Möglichkeit, alle gezeigten Grundtechniken genau zu beobachten und zu bewerten. Zur Vereinfachung der Bewertung kann ein entsprechender Bewertungsbogen verwendet werden, welcher die oben genannten Bewertungskriterien enthält sowie die Notengebung durch ein Punktesystem unterstützt. Der Schüler kann für jeden Beobachtungsbereich (Ballführung, Dribbling, Ballabgabe und Ballannahme, Schießen, Sonstiges) maximal drei Punkte erhalten. Drei Punkte stehen für eine sehr gut bis gut erfüllte Technikanforderung. Zwei Punkte werden erteilt bei einer befriedigenden bis ausreichenden Erfüllung des Technikbereichs. Einen Punkt erhält der Schüler bei mangelhafter Ausführung der geforderten Technik. Insgesamt können somit nach dem Punktesystem 15 Punkte erreicht werden. Die Note wird über das Bewertungssystem der Sekundarstufe II ermittelt.

Bewertung nach Punktesystem

Im Rahmen der Überprüfung jeder der fünf zu bewertenden Fertigkeiten werden zunächst je 1 bis 3 Punkte vergeben. Folgender Maßstab kann dabei angewendet werden:

Zur komplexen Erfassung der dargestellten Fertigkeiten mit anschließender Notenvergabe empfiehlt sich die Verwendung eines Punktesystems.

Bspw. Einschätzung der Qualität der Ballführung

3 Punkte	sehr gute bis gute Ballführung
2 Punkte	befriedigende bis ausreichende Ballführung
1 Punkt	mangelhafte Ballführung

Nach der Überprüfung aller fünf spieltechnischen Fertigkeiten ergibt sich aus der Summe der erzielten Punkte die entsprechende Note.

15–13 Pkt.	Note 1
12–10 Pkt.	Note 2
9–7 Pkt.	Note 3
6–4 Pkt.	Note 4
3–0 Pkt.	Note 5

8.3 Teststrecke zur Bewertung spieltechnischer Fertigkeiten mit Penaltyschießen

Dieser Test beinhaltet eine Technikstrecke aus dem Passspiel gegen eine umgedrehte Langbank und somit auch die Ballabgabe und Ballannahme, das Schießen aus 8m Entfernung auf das Tor sowie das Penaltyschießen. Er eignet sich vorrangig für den Bereich der Sekundarstufe I.

Der Schüler startet am Kegel, spielt einen differenzierten Pass gegen die Bank, sodass er den Ball technisch korrekt annehmen kann, dribbelt zu einer 8-m-Markierung und beendet die Strecke mit einem Schuss auf das Tor, wobei die Schusstechnik beliebig ist. Der Lehrer gibt auf die einzelnen Technikbereiche Punkte.

Namen	Punkte	Ballführung	Dribbling	Ballabgabe und -annahme	Schusstechnik	Sonstiges
		• Abdecken des Balls, Kontakt Kelle-Ball • Führen des Balls durch Mitziehen und Vorhand- u. Rückhandspiel • tiefe Körperposition	• Dribbling mit steigenden Tempoforderungen • Ballführung auf gegnerabgewandter Seite • Abdecken des Balls und Kontakt Kelle-Ball • Körperposition	• Ballannahme und -abgabe im Stand und in Bewegung • Ballannahme mit sofortigem Ballkontakt u. -abdeckung • Ballannahme und Stoppen in verschiedenen Situationen	• tiefe Körperposition • regelgerechtes Schwingen des Stockes • Beherrschung der Schlag- o. Schlenztechnik • Schussschärfe und Zielgenauigkeit	• individuelle Auffälligkeiten und Vorzüge • Demonstrationsfähigkeit • Stockhöhe • Regelkenntnisse

Abb. 46: Schema zur Bewertung und Zensierung spieltechnischer Fertigkeiten (nach Blanke, 2000)

Hier ein Beispiel:
Es sind 2 Punkte pro ausgeführte Teststrecke zu erreichen, das heißt, es kann je nach Ausführung ein Punkt auf das Passspiel und ein Punkt auf das Schießen vergeben werden. Diese Strecke wird von dem Schüler fünfmal durchlaufen.

5 x 2 Punkte = 10 Punkte maximal

Im Anschluss führt der Schüler 5 Penalty regelgerecht von der 7 m Marke im Schlagschuss aus. Maximal sind somit 15 Punkte zu erreichen. Die Noten werden wiederum nach dem Punktesystem der Sekundarstufe II ermittelt.

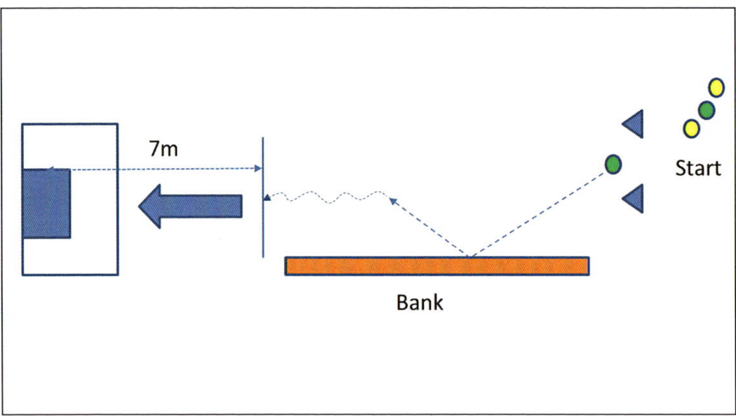

Abb. 47: Teststrecke mit Penaltyschießen

8.4 Bewertungsvorschlag für den Lernbereich Floorball Klasse 5

Die Lerninhalte für die Klasse 5 im Floorball beziehen sich ausschließlich auf grundlegende Fähigkeiten und Kenntnisse des Sportspiels Floorball. In der Klassenstufe 5 ist davon auszugehen, dass die Schüler noch keinen oder wenig Kontakt zu der Sportart hatten. Somit lernen die Schüler die Schlägerhaltung, Ballannahme und Ballabgabe, Umspielen, den Torschuss, das Spielen mit der Bande sowie die einfachsten Spielregeln und Schiedsrichterarbeiten kennen.

Die Note des gesamten Lernbereiches kann sich aus folgenden Teilnoten zusammensetzen:

1. 20% – Motorischer Basistest (siehe Rahmenrichtlinien der Bundesländer, z. B. Schlängellauf, Ringe ablegen oder Hockernummernlauf)

2. 20% – Schusstechnik, 5 x Penaltyschießen aus 7 m Entfernung im Schlagschuss

   Bewertung: 2 Punkte = Treffer, 1 Punkt = Pfosten
   Note 1 = 10 Punkte
   Note 2 = 9/8 Punkte
   Note 3 = 7/6 Punkte
   Note 4 = 5/4 Punkte
   Note 5 = 3/2 Punkte
   Note 6 = 1/0 Punkte

3. 20% – Komplexes Anwenden (vgl. Abb. 48)
   Der Schüler durchläuft zweimal einen Parcours mit verschiedenen Anforderungen
   1. Station: 5–6 x Vorhand-Rückhand-Dribbling am Ort
   2. Station: Vorhand-Rückhanddribbling im Lauf ca. 10 m, wahlweise auch um 4–5 Kegel herum
   3. Station: 360°-Drehung um einen Kegel herum
   4. Station: Passspiel an eine Langbank
   5. Station: Ballannahme und Stopp

4. 40% – Bewertung von Spielfähigkeit, Sozialverhalten, Regelkenntnisse sowie Schiedsrichtertätigkeit

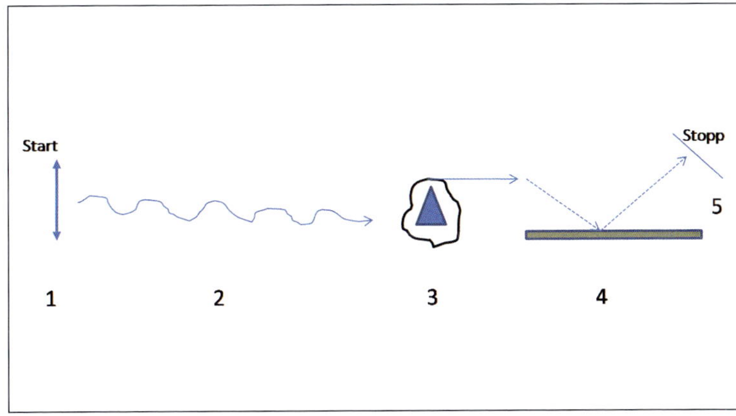

Abb. 48: Stationen des Parcours „Komplexes Anwenden“

8.5 *Komplexer Testparcours zur allgemeinen Techniküberprüfung*

Dieser Parcours eignet sich ebenfalls als komplexe Testvariante aller Technikelemente im Floorball. Er ist für Schüler ab Klassenstufe 7/8 geeignet, da bereits ein genaueres Zusammenspiel zwischen dem Passgeber und der Testperson erforderlich ist. Die Note wird durch Lehrerbeobachtung ermittelt. Der Schüler sollte den Parcours mindestens zweimal durchlaufen können.

Orientierung für die Bewertung
Note 1: ohne Fehler bei altersspezifischem Tempo
Note 2: 1 Fehler bei altersspezifischem Tempo
Note 3: bis 3 Fehler bei altersspezifischem Tempo
Note 4: 4 Fehler bei altersspezifischem Tempo
Note 5: 5 Fehler bei altersspezifischem Tempo
Note 6: mehr als 5 Fehler

Parcoursablauf

1. Vorhand-Rückhand-Dribbling um 5–6 Kegel (Ballführung).
2. 3 Schüsse aufs Tor (Schießen).
3. Kontrolliertes Lupfen des Balles über ein Kastenoberteil oder einen Hocker (Differenzierungsfähigkeit, Ballkontrolle).
4. Vom Schüler wird ein genauer und straffer Pass zum Passgeber gespielt, der Spieler bewegt sich in Richtung Tor und bekommt den Ball vom Passgeber zurück in den Lauf gespielt, sofort nach der Ballannahme schließt der Spieler mit einem Torschuss ab (Passspiel, Schießen aus dem Lauf).

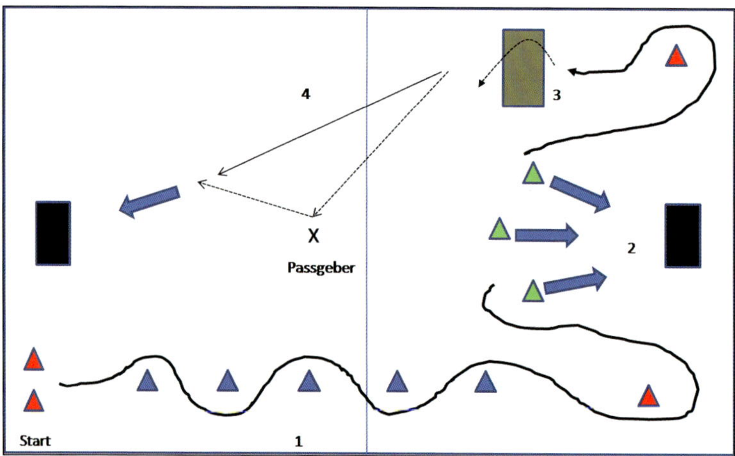

Abb. 49: Testparcours zur komplexen Überprüfung aller Technikelemente im Floorball

8.6 Bewertungsvorschlag für die Einschätzung der Schusstechnik

Der Schüler schießt aus 7 m Entfernung 7 Penaltys. Der Schuss muss laut Reglement ein geschlagener Schuss sein.

Beispiel für die Benotung der Klassenstufen 5–10 je nach Trefferanzahl

Note	Kl. 5/6	Kl. 7/8	Kl. 9/10
1	5	6	7
2	4	5	6
3	3	4	5
4	2	3	4
5	1	2	3
6	0	1	2

Beispiel für die Benotung der Klassenstufen 11/12

15	7 Treffer	9	4 Treffer + 2 Pfosten	3	2 Treffer + 2 Pfosten
14	6 Treffer + 1 Pfosten	8	4 Treffer + 1 Pfosten	2	2 Treffer + 1 Pfosten
13	6 Treffer	7	4 Treffer	1	2 Treffer
12	5 Treffer + 2 Pfosten	6	3 Treffer + 2 Pfosten	0	weniger
11	5 Treffer + 1 Pfosten	5	3 Treffer + 1 Pfosten		
10	5 Treffer	4	3 Treffer		

8.7 Bewertungsvorschlag zur Einschätzung der allgemeinen Spielfähigkeit

Zur Bewertung der Spielfähigkeit wird ebenfalls ein Punktesystem angewandt. Die Bewertung erfolgt nach folgenden Kriterien und Beobachtungsschwerpunkten:

Anwendung spieltechnischer Fertigkeiten
- Ballabgabe und -annahme im Stand und aus der Bewegung
- Dribbling und Schusstechnik
- Allgemeine Schnelligkeit der gesamten Spielgestaltung
- Spezielle Handlungsschnelligkeit

Regelgerechte Spielweise
- Anwendung und Umsetzung der Spielregeln
- Akzeptanz der Schiedsrichterentscheidungen

Einzel- und Mannschaftstaktik
- Manndeckung
- Freilaufen
- Offensive oder defensive Spielweise
- Spiel ohne Ball

Sozialkompetenz
- Mannschaftsdienliche Spielweise/Kooperationsbereitschaft
- Achtung der Mitspieler, Gegner und Schiedsrichter
- Einsatz und Engagement (nach Blanke, 2000, S. 22)

Namen	Punkte	Anwendung spieltechn. Fertigkeiten • Ballannahme u. -abgabe im Stand und in der Bewegung • Dribbling und Schusstechnik • schnelle Spielgestaltung • Handlungs-schnelligkeit	Regelgerechte Spielweise • Anwendung und Umsetzung der Spielregeln • Akzeptanz der Schiedsrichter-entscheidung	Mannschafts-taktik • Manndeckung • Freilaufe • Kooperations-fähigkeit • offensive oder defensive Spielweise • Spiel ohne Ball	Sozialkompetenz • mannschafts-dienliche Spielweise • Achtung der Mitspieler, der Gegner u. Schiedsrichter • Einsatz und Engagement

Abb. 50: Schema zur Bewertung und Zensierung der komplexen Spielfähigkeit (nach Blanke, 2000)

9 Unterrichtsbeispiele

Thema: Einführung des Sportspiels Floorball über kleine Spiele

Phase	Organisation und Material
Erwärmung	
Vorstellen des neuen Sportspiels Hinweise zur Herkunft und Popularität Hinweise zum Spielgedanken und Regelwerk Demonstration der Schlägerhaltung und Ballführung **Spielform zum Aufwärmen:** Tippball	Bande Schläger, Bälle siehe Erwärmungsübungen 3.1
Hauptteil	
Gewöhnungsübungen: • Schlägerauslage und Schlägerhaltung testen und probieren • Dribbling im Stand – Vorhand/Rückhand • Dribbling in leichter Vorwärts- und Rückwärtsbewegung • Drehungen um die Körperachse mit Ball an der Kelle • Ball auf der Kelle balancieren • Ball durch die Beine in einer Acht spielen • Ballführung an der Kelle in Bewegung und verschiedenen Geschwindigkeiten mit verschiedenen Bewegungsaufgaben, z.B. Drehungen, Richtungswechsel	Blockaufstellung Schläger Bälle
Spielform: Floorball-Brennball	Schläger, Bälle, Reifen oder Matten, Tor Siehe Erwärmungs- und Gewöhnungsübungen 3.2
Spielform: Floorball-Parteiball	Schläger, Bälle Siehe Erwärmungs- und Gewöhnungsübungen 3.3

Phase	Organisation und Material
Abschlussteil	
Spiel 4:4 Schwerpunkt: „Wir berühren nicht den Stock des Gegners." „Wir lassen dem Gegner genügend Zeit den Ball ohne Zeitdruck anzunehmen." „Wir versuchen nur in Besitz des Balles zu kommen, in dem wir Zuspiele oder Torschüsse abfangen."	Bande Schläger, Bälle, Tore oder Hocker, Leibchen

Thema: Einführung der Grundtechniken im Stationsbetrieb

Phase	Organisation und Material
Erwärmung	
Spielform zum Aufwärmen: Rollball (verschiedene Bälle)	Bande, Medizinbälle, Floorbälle 2 Spielfelder
Hauptteil	
1. Station – Dribbling Übungen im Parcours – siehe Übungen unter 4.7	Bande oder Bänke, Schläger, Bälle, Kegel, Tore, Matten, Hocker
2. Station – Passen Übungen zum Erlenen des Passspiels unter 5.2 ff. • Uhrpendel • Sternspiel (höheres Niveau) • Passstaffette	Band, Schläger, Bälle
3. Station – Schießen • Schusskreis siehe Übung unter 6.3 (höheres Niveau) • Direktschuss siehe Übung unter 6.8	Bande, Tore, Schläger, Bälle, Kegel
Abschlussteil	
Spielform: Street-Floorball siehe Übung unter 7.9	Band, Schläger, Bälle, Leibchen

Thema: Spielfähigkeit festigen

Phase	Organisation und Material
Erwärmung	
Spielformen zur Erwärmung: • Feld frei räumen, Übung siehe 6.2 • 1 und 1/1 gegen 1, Übung siehe 7.5	Bande Schläger, Bälle, verschiedene Bälle, Kegel
Hauptteil	
Spielform mit Schwerpunkt Angriff-Verteidigungswechsel: • vier Ecktore – Übung unter 7.6	Bande Schläger, Bälle, 4 Tore, Leibchen
Spielform 4:4 als Mannschaftsturnier Die Anzahl der Teams und die Mannschaftsgrößen richten sich natürlich nach den Klassenstärken. 1–2 Auswechselspieler pro Team bieten sich bei der hohen Intensität des Spiels an. Bei entsprechender Hallenkapazität kann das Turnier auch auf zwei Spielfeldern gespielt werden. **Regelschwerpunkte:** „Wir berühren nicht den Stock des Gegners." „Wir lassen dem Gegner genügend Zeit den Ball ohne Zeitdruck anzunehmen." „Wir versuchen nur in Besitz des Balles zu kommen, indem wir Zuspiele oder Torschüsse abfangen."	Bande, Schläger, Bälle, Tore, Leibchen
Abschlussteil	
Penaltyschießen: 3 Schützen pro Mannschaft treten im Penaltyschießen gegeneinander an – Ausführung siehe S. 21	Schläger, Bälle, Tore

Anhang

Abbildungsverzeichnis
Literaturverzeichnis

Abbildungsverzeichnis

Literaturverzeichnis

Blanke, R. (1997). *Was is'n Unihoc? Eine Handreichung für Schule und Verein.* Weißenfels: Pro Print.

Blanke, R. (2000). *Unihockey – Ein Spiel für Mädchen und Jungen.* Weißenfels: Simon.

Blanke, R. (2001). Unihockey – Bewertungs- und Zensierungsvorschläge. *Lehrhilfen für den Sportunterricht, 50* (8) 1–6.

Brändli, M. & Gärtner, P. (1997). *99 Spiel- und Übungsformen im Unihockey.* Bern: Schweizer Unihockeyverband.

Deutscher Unihockey Bund (2009). *Unihockey-Spielregeln. Kurzregelwerk – Kleintorvariante für Schule und Verein.* Kiel.

Deutscher Unihockey Bund (2010). Abruf am 20.08.2010 unter http://www.unihockey.de/151.html

Digel, H. (1996). Schulsport – wie ihn Schüler sehen. *sportunterricht, 45* (8) 324–339.

Döbler, H. & E. (1989). *Kleine Spiele. Volk und Wissen.* Berlin: Volkseigener Verlag.

Döbler, S. (1988). *Sportspiele.* Berlin: Sportverlag

DOSB (2014). *Floorball ist 99. Mitglied der Sportfamilie.* Abruf am 08.02.2022 unter https://www.dosb.de/sonderseiten/news/news-detail/news/floorball-ist-99-mitglied-der-sportfamilie

DOSB (2020). *Bestandserhebung 2020.* Korrigierte Fassung. Stichtag der Erfassung 1. Januar 2020. Frankfurt a. M.: Digitale Auflage. Abruf am 09.02.2022 unter https://cdn.dosb.de/user_upload/www.dosb.de/uber_uns/Bestandserhebung/BE-Heft_2020.pdf

Finaske, G. & Blanke, M. (2006). Unihockey in der Grundschule. *Lehrhilfen im Sportunterricht, 55* (12), 7–11.

Floorball Deutschland (2022). *Floorballkleintorregelwerk für Breitensport und Schule.* Abruf am 26.02.2022 unter https://floorball.de/download/filebase/spielregeln/Floorball-Deutschland-Kurzregelwerk-Kleintor-fuer-Schule-und-Breitensport-CVJM-Version-Stand-01.03.2011.pdf

Floorball Deutschland (2014). Abruf am 16.06.2014 unter http://alt.floorball.de/foerderverein.html.

Franke-Thiele, A. (2001). *Unihockey – historische Entwicklung und didaktische Struktur.* Aachen. Meyer & Meyer.

IFF (2022a). *Floorball in a Nutshell.* Abruf am 08.02.2022 unter https://floorball.sport/this-is-floorball/floorball-in-a-nutshell/

IFF (2022b). *The IFF.* Abruf am 08.02.2022 unter https://floorball.sport/theiff/

International Floorball Federation (2010). *Member Statistics 2006–2010.* Abruf am 26.08.2010 unter http://www.floorball.org/default.asp?sivu=2&alasivu=204&kieli=826

Kolb, M. (2005). Strukturen von Spiel und Sportspiel. In A. Hohmann, M. Kolb & K. Roth (Hrsg.), *Handbuch Sportspiel.* Schorndorf: Hofmann.

Kratochvil, J. & Nebe, T. (2013). *Floorball – Geschichte, Training, Taktik.* Meyer & Meyer.

Kultusministerium Sachsen-Anhalt (2003). *Rahmenrichtlinien Gymnasium – Sport Schuljahrgänge 5–12.* Quedlinburg: Druck GmbH.

Matasci, A. (1998). Unihockey – ein ideales Spiel für den Sportunterricht. *Sporterziehung in der Schule Praxisbeilage* (1) 23–30.

Nebe, T. (2012). Unschätzbare Graswurzelarbeit. *Floorballmagazin – Magazin für Floorball und Spielkultur* (www.floorballmagazin.de), *1,* 56–58.

Resmann, C. (2003). *Floorball „hockey of the next century".* Graz: Unives.

Schweizerischer Unihockey Verband (2010). Abruf am 26.08.2010 unter http://www.swissunihockey.ch/weblounge/

SMK (2009). *Lehrplan Gymnasium Sport. Klassenstufen 5–12.* Dresden: Sächsisches Druck- und Verlagshaus GmbH.

Special Olympics Deutschland (2013). *Floorball. Teamgeist steht im Vordergrund.* Pressematerial.

Welten, A. & Bühler, C. (1992). *Unihockey in der Schule. Eine kreative und spielerische Aktivität.* Dietlikon: Schweizerischer Unihockey Verband.

Wiener Floorball Bund (2010). Floorball. Abruf am 20.04.2010 unter http://www.wienerfloorballbund.net/?page_id=7

Wolf, M. (1998). *Unihockey-Training.* Magglingen: J&S Lehrmittel.